逻辑学

田采 编著

北方联合出版传媒(集团)股份有限公司
万卷出版有限责任公司

图书在版编目（CIP）数据

逻辑学 / 田采编著. — 沈阳 : 万卷出版有限责任公司，2023.9
ISBN 978-7-5470-6332-3

Ⅰ. ①逻… Ⅱ. ①田… Ⅲ. ①逻辑学 Ⅳ. ①B81

中国国家版本馆CIP数据核字（2023）第133234号

出版发行：北方联合出版传媒（集团）股份有限公司
万卷出版有限责任公司
（地址：沈阳市和平区十一纬路29号　邮编：110003）
印 刷 者：德富泰（唐山）印务有限公司
幅面尺寸：160mm × 230mm
字　　数：170千字
印　　张：14
出版时间：2023年9月第1版
印刷时间：2023年9月第1次印刷
责任编辑：刘书吟
封面设计：韩海静
版式设计：郭红玲
责任校对：张　莹
ISBN 978-7-5470-6332-3
定　　价：59.00元
联系电话：024-23284090
传　　真：024-23284448

PREFACE

前言

说起逻辑学，相信大家都有一种知道但不了解的感觉。因为我们在日常生活中偶尔能听到个别相关字眼，但对于逻辑学具体包含哪些内容，有哪些实际应用却不一定清楚 。

其实，随着社会的发展，尤其是在许多家长追求精英教育的情况下，不少青少年在幼年阶段已经初步进行逻辑思维的训练了。那么，逻辑学究竟是一门什么样的学科呢？

逻辑学这门学科，一开始是为了找到人类的思维规范，实现事物的理性认知。因此，逻辑学的定义是：一门研究人类思维基本形式和规律的学科。学习这门学科，我们才能认识客观世界，对我们研究的具体对象的本质有所了解。逻辑学还是一门历史悠久的学科，早在2000多年前的古希腊、古印度和中国就有了逻辑学的雏形，分别有不同的名称：在古希腊，被称为“逻辑学”；在古印度，被称为“因明学”；在我国古代，从先秦时期被称为“名辩学”。

这些名字听起来就让人感到十分枯燥，而且更加觉得在自己的日常生活中应该不怎么会用到。其实，这都是错误的认知。人类的思维，是我们借助判断、概念以及推理形式，认识并把握事物本质的过程，逻辑则是一种能够黏合我们的思想碎片、提高我们思考能力的有效工具。

因为逻辑学是一门类似数学且需要各种证明和推理的学科，所以，不喜欢理科的人很可能也不喜欢逻辑学。但不管是工作还是生活，逻辑思维都显得十分重要。我们思考得深还是浅、快还是慢，语言表达得流畅还是阻塞，文字表述得优美还是粗鄙，思维是严谨还是混乱，等等，这些都与逻辑思维有关。

我们知道，现实中的各种思维论证都是与现实情境、生活经验等因素息息相关的。很早以前，思想家们就发现，不管什么学科，不管什么情景的论证，都可以用同一套方法来评价。也就是说，所有正确的论证都有一些内在的共通之处，逻辑学的目标是把这些共通之处找出来。近代启蒙思想家严复，就把逻辑学称为“一切学之学，一切法之法”，即一切学问的源头。

人类的思维是以概念、范畴为工具反映认识对象的，逻辑思维则是思维的一种高级形式。我们在大脑中将这些概念和范畴以某种形式储存其中，形成思维结构，并且借助判断或推理等思维方式能动地反映客观现实，这一过程就是逻辑思维。

明白了什么是逻辑学之后，我们就要来看一看什么样的思维方式是有逻辑的。举个例子，在日常生活工作中，我们与别人沟通的时候，相信不管是谁，都喜欢思维清晰的聊天方式，因为这样沟通起来更加高效、清晰。相反，如果你唠唠叨叨地说了一大段话，却没有让别人听明白你的重点，那么别人也很难和你继续沟通下去。有时候，我们的沟通交流发生矛盾或者歧义，并不是我们的聊天内容本身出现谬误，而是因为我们没有进行合理的、有逻辑的叙述与表达。

逻辑思维有多种方式，如正向思维、逆向思维、横向思维和发散思维。不管是哪一种，学会了之后都能有效地黏合起我们的思想碎片。也许你会问这有什么作用，它在我们的实际生活中作用很大。比如说考试或者面试，肯定要解答问题。面对同样的题目，有些人半小时还摸不着头脑，有些人却能在10分钟内快速给出完美的答案。这就是双方思维方式的不同造成的。影响我们思维快慢的重要因素，就在于是否擅长逻辑思维。不会用逻辑学思考的人，他的脑子习惯于无意识地思考，全靠直觉，一旦这个问题在他的脑子里没有记忆，他便失去了思考的方向；而擅长逻辑思维的人，他能通过题目给出的事实和逻辑关系，结合过往经验解决问题。

在工作和生活中，你是否有过这样的经历：在读一篇深奥的文章、一本书的时候，读到后面完全不记得前面讲了什么，甚至要倒回去重新看一遍；或者每当你要思考问题或者发表意见的时候，头脑中就会一片混乱——许多想法和问题纠结在一起，像一团乱糟糟的毛线球……这些都是因为你头脑中的各式各样的碎片没有被黏合起来，思维没有条理。逻辑思维能力是人们学习和职场工作中一种非常重要的能力，拥有这项能力的人，做事效率特别高，且失败率低。

著名的科学家爱因斯坦说过：“一个人智力的发展和形成概念的方法，在很大程度上取决于语言。”语言的表达则要求我们有清晰的思维和严谨的逻辑。思考时没有头绪，说明信息在我们头脑中排列的方式是无序的，逻辑思维就是让我们按照一定的规律和顺序来组织思想。

提高逻辑思维能力的关键在于，要使我们的思维碎片形成一个整体，使得思维脉络清晰化。日常生活中，我们可以通过观察和学习来完善我们的逻辑思维。了解并学习逻辑学，对我们的生活和工作都很有必要。只有当我们的逻辑完整且严谨的时候，我们做事情才会事半功倍。所以，我们一定要厘清自己的思维，黏合起脑海中的思维碎片，让它有逻辑、有秩序地为我们的思维服务。

C O N T E N T S

目 录

第一章 <<<

入门：从逻辑学发展史上的趣事说起

亚里士多德：开山祖师

回顾人类整个逻辑学的历史长河，单就早期的西方而言，算起来出现过三次高峰时刻，但是每一个高峰延续的时间并不长，而且中间都被长时期的衰落间隔开了，所以逻辑学的发展算不上顺风顺水。仔细考究其发展历程，其中最具意义的第一个高峰出现于公元前4世纪至公元前3世纪前后，这个时期的辉煌成就主要来自亚里士多德提出的逻辑学理论。因此，亚里士多德也被大众称为“逻辑学之父”，他最伟大的贡献就是凭借一己之力，在当时建造起逻辑学科的这座大厦，并在之后的两千多年里影响深远。

作为逻辑学的开山祖师，亚里士多德是古希腊著名的哲学家、科学家。除了逻辑学之外，他在很多学科上也颇有研究，如在哲学、美学、教育学、生物学、生理学、医学等方面都有贡献，所以他又被称为古希腊学者中最博学的人物。在西方，你甚至不用提他的名字，只需说起“那位哲学家”，人们就知道在说谁了。

公元前384年，希腊已是盛极而衰，不过其文化领域却反其道而行，变得更加成熟。亚里士多德就诞生在这样一个文化复兴的希腊，他的父亲是一名宫廷医生，全家生活在希腊北部的斯塔吉拉城。亚里士多德的父亲从小就非常注重对他的培养，在亚里士多德

17岁时就送他去雅典的柏拉图学院修学。18岁起，亚里士多德便跟着柏拉图学习，一直到20年后柏拉图去世，他才离开柏拉图学院到世界各地游历。也许是受到父亲的影响，亚里士多德不仅天资聪明，而且十分刻苦努力，在很多方面取得了超凡的成就，其在逻辑学方面的影响也十分广泛。

对于任何一个天才来说，想要创建一门新的学科也不是一件容易的事，所以能够创建逻辑学科，在某种程度上可以说是亚里士多德最令人惊叹的成就。不知是时代造就英雄，还是英雄创造了属于自己的时代，当时希腊文化开启全面复兴，亚里士多德也在浓郁的文化背景下提出自己的逻辑学观点。回顾人类理智探寻世界的整个历史长河，由一个思想家创造一门新科学，除了亚里士多德所创建的逻辑学之外，几乎很难再找到第二个例子。所以，没有人能够否认亚里士多德是逻辑学的真正创建者，对于逻辑学科的意义非同凡响。他首先提出逻辑学的概念，以一种严谨、科学的态度对待理性推理，还详细规划了逻辑学的有效形式，最终使其成为一门真正有效且具体的学科。

人们常说，西方哲学的历史可以在柏拉图与亚里士多德之间划分开来。虽然柏拉图是亚里士多德的老师，但亚里士多德却没有做到与老师的理论一脉相承，反而和柏拉图持有相反的理论。当时作为哲学上顶尖人物的柏拉图认为，人类在物质世界所能感知到的一切都是形而上学的，真理往往只存在于表象世界的背后，不然就是超越了表象世界。

然而，亚里士多德不这样认为，他甚至对柏拉图的理论持有批评的态度，还曾隐晦地说过：真理并不会随着柏拉图一起死亡。同时，留下了那句千古名言："我爱我的老师，但我更爱真理。"他的理论很大程度上是从具体细节出发的，他认为世界应该如我们眼睛所见的样子那般真实。跟随柏拉图学习了20年之后，亚里士多德不但学会了哲学上的思辨、推理和论证的方法，还总结出一套自己的理论。他提出：人类对于世界的理解必定建立在人本身的五种感官之上。所以，他的思想更强调从人本身出发，以缜密而善于分析的头脑将事物分解成其组成部分，这也是他和柏拉图思想上的差异之一。

亚里士多德的逻辑学又称"工具论"，这一理论影响巨大，澄清了许多人对逻辑学的基本理解。因为它不是为了提高我们的认识或者给我们带来新的学科知识，而是为人们提供了一种正确的方法，起着引导的作用。在亚里士多德的体系里，人是一种有理性的动物，他提出的逻辑学是指人类正确思考的方法和艺术，几乎涵盖所有的学科。其实，对于逻辑学的定义我们可以这样理解：当一个人想要与你交谈争辩时，你要先请争辩者对他的用语下个定义，如果争辩者能符合这个大前提，那么就能把很多冗长无聊的辩论压缩成短小的篇章，这就是逻辑学的本质。归根结底，逻辑学认为每一个严肃讨论过的词，都应该是经过最严谨的斟酌和定义后得出的。

逻辑学到底有什么用呢？这么说吧，就连开创了现代科学技术新纪元的爱因斯坦都被亚里士多德的逻辑学所吸引，喜欢在日常生活中运用逻辑学的方式思考。一次，有个学生请教爱因斯坦逻辑学有什么用，爱因斯坦没有急着回答，而是先反问他："如果你看到两个人从烟囱里爬出去，一个人满脸烟灰，另一个却干干净净，那么你认为哪个人会去洗澡呢？”周围的一位学生先说：“当然是那个满脸烟灰的人该去洗澡！”爱因斯坦又接着反问：“是吗？但是浑身干净的那个人看见另一个人满脸烟灰，难道不会觉得从烟囱里爬出来就会变脏的吗？相反，另一人看到对方干干净净，是否会觉得自己也是如此呢？现在，你们认为谁会去洗澡呢？”

这么解释之后，学生们恍然大悟：“哦！干净的那个人看到另一个肮脏的人时，觉得自己必定也是满身烟灰。但是肮脏的人看到干净的人时，却不会觉得自己脏！所以，一定是那个干净的人先跑去洗澡了。”

照理说答案就该如此，但爱因斯坦还是慢条斯理地说：“这个答案也是错的。两个人同时从老旧的烟囱里爬出来，怎么可能一个是干净的，另一个是脏的呢？这道题从一开始就是错的，这就是‘逻辑’。”当我们的思路受到其他因素的牵绊时，往往在思考的时候就不能十分清晰地找寻到一切事理的根源。所以，我们要学会运用逻辑学，解释事物原本的真理。只有学会逻辑，才能跳出定性思维的习惯性和避开思路上的陷阱。所以，逻辑学的用处比我们想象得还要广阔，它不但能帮助我们逃离浅薄认知上的谜团，还能矫正人性情上的执着缺陷。

不仅如此，亚里士多德在逻辑学上最伟大的贡献，还包括提出了经典的“三段式演绎”：大前提、小前提、结论。他的演绎三段论推理法则的提出，使得原本抽象的逻辑具有了精密量化的特点，成为具有现实可操作性的形式化工具。关于三段论，我们后面还会具体介绍，在此不赘述。在亚里士多德以及后面很长的一段时间，三段论作为形式逻辑的开端对欧洲的逻辑思想影响非常大，就此而论，亚里士多德的三段式演绎是重要且值得赞美的。在整个西方逻辑史、科学史以及文化史上，亚里士多德产生了广泛而重要的影响。

中国古代逻辑学：“嘴炮高手”的对决

日常生活中，总有些人擅长用讲道理的方式说服他人，我们称这类人为“嘴炮高手”。接下来，介绍几个“嘴炮高手”的小故事。

提起中国古代逻辑学，不得不讲讲中国著名的逻辑学开山鼻祖——公孙龙的故事。

作为时代名人，有关公孙龙的逻辑故事数不胜数，其中不得不提的是他对于“白马非马”的解释。

公孙龙，战国末期赵国人，字子秉。一天，公孙龙骑着一匹白马想要出城，这时候，士兵拦住他，问道：“你怎么骑着白马出城呢？难道你不知道今天规定了所有的马都不可以出城吗？”

那位士兵说完，旁边的士兵也劝诫公孙龙：“是呀，你赶紧下来吧，今天人可以出城，马不可以出城，有什么事还是自己走出去办吧。”

公孙龙沉默片刻，接着便说道：“我没有骑着马出城呀！”

两位士兵很惊讶地问道：“你难道不是正骑着白马吗？”

公孙龙笑着说：“我的确是骑着白马，可是白马又不是马。”

听了他的这句话，两位士兵愣住了，路过的众人也被他的这句“白马非马”所吸引，纷纷停住脚步，询问他：“白马为什么不是马呀？”“白马不就是马吗？”

这时，公孙龙不慌不忙地说道："白马有两种属性：第一，它的颜色是白色的；第二，它的形状是马的形状。马则只有一种属性，那就是马的形状。前者有两种属性，后者却只有一种跟前者一样的属性，两者怎么可能是同一个东西呢？诸位想想，是不是这个道理？"

听了他的这番理论，众人虽然觉得奇怪，但又都认为他说得很有道理。于是，两位士兵只好给公孙龙放行，看着他骑着马儿扬长而去。

毫无疑问，公孙龙是位成功的"嘴炮高手"，在逻辑辩论方面，两位士兵跟他根本不是一个档次，自然而然就跟着公孙龙的逻辑走了。

但是有一个人，他的逻辑思维跟公孙龙可谓不相上下，两人都是"嘴炮高手"，在逻辑辩论方面旗鼓相当，同为中国古代逻辑学大家。这位高手名叫惠施，战国时期宋国人，名学学派的开山鼻祖，优秀的政治家、思想家。他跟公孙龙打起嘴炮来，可谓"神仙打架"。他俩打嘴炮的故事叫作"坚白同异"，一般来说，就是"离坚白"与"合同异"的较量。

还是从公孙龙开始讲吧。一天，公孙龙看见一块白色的石头，忽然有感而发，就对着身边的人说道："当你看到这块白色的石头的时候，你会怎么形容它呢？"

好友摸了摸这块石头，自信满满地回答说："这是一块坚硬的白色的石头。"

公孙龙却说："不，你错了，不能同时用坚硬的和白色的来形容它。"

好友十分吃惊，公孙龙便问他："你看见它是白色的，是因为你用眼睛去看它，但是你用眼睛能看出来它是坚硬的还是柔软的吗？”好友摇了摇头。

公孙龙又问道：“你摸了它之后，感觉到它是坚硬的，可是你用手摸它，不用眼睛看，你知道这块石头是白色的吗？”

看着好友迷茫的样子，公孙龙解释道：“人用眼睛只能看见石头的颜色，这时你对石头的描述是脱离触觉的。当你用手摸这块石头的时候，你只能知道它是坚硬的，并不能摸出它的颜色，这时你对石头的描述是脱离了视觉的。也就是说，你怎能同时用触觉感受和视觉感受来描述这块石头呢？”

好友听了他的话，觉得挺有道理的。

然而，另一位“嘴炮高手”——惠施却不这么想。

惠施觉得这个世界上的任何事物都有相同的、能够一起解释的方面。他说：“大同而与小同异，此之谓小同异；万物毕同毕异，此之谓大同异。”举个马的例子吧！惠施觉得：“马可以分为黑马、白马和红马，那么黑马、白马、红马都是马，只是颜色上有一点儿不一样罢了。体型较大的马和体型较小的马也是这样。它们本质相同，只是有一点点小差距而已。”按照惠施的想法，不管是从触觉感受还是视觉感受来说，坚硬的石头也属于石头，白色的石头也属于石头，只是形容的角度有些不同罢了，当然可以一起形容它们。

再换个例子，一次，惠施听到有人讨论天和地。

有的人说：“大地一定在天空下面，因为我们脚踩着大地，头顶着天空。”

听了他的话，惠施陷入沉思。而后，他问道：“天空与大地一定是分开的吗？”

那人说道：“那是当然，天空需要大地托着，大地跟天空肯定是分开的。”

于是，惠施带着那个人登上当地的山峰，让他同自己一起往远处眺望。惠施说道：“你看，再往远处看，天和地不是连在一起的吗？为什么一定是分开的呢？地平线相接的地方，没有谁是在上面的。”

那人又说道：“但是我们人还在天地之间呀！这样的话，天地怎么可能连在一起呢？”

惠施回答道：“当我们站在山脚的时候，看到这座山很高很大，可当我们登上山顶的时候，这座山又显得很小很矮。一座山本来应该是很大的，可是你往远处看，那些山小得跟豆子一样，在如此大的天地之间，人是多么渺小呀！难道也可以算是隔在了天地之间吗？”

最后，惠施解释道：“许多事物不是非此即彼的，事物在空间上的差异不具有绝对性，可能你所处的角度不同，看到的东西就不同，事实上，万事万物都是相对的，你换个角度来看，可能山川和平泽是一样高的，没有什么是一定不一样的。”

公孙龙的所有事物都分开来看的逻辑，后人称之为“离坚白”；而惠施认为万物皆可相提并论，不是绝对分开的，仅仅是有些不同点罢了，这种逻辑被称为“合同异”。

在批判名家过程中建立起来的墨家逻辑学

如果说有一门科学体系可以与古印度的因明学、古希腊亚里士多德的逻辑学媲美，那一定是中国墨家后期的逻辑学。墨家逻辑学是中国古代第一个比较完备的逻辑体系，围绕辩论来表达逻辑思想。不管是在中国逻辑史还是世界逻辑史上，它都具有较为重要的地位。

墨子给出了三个辩论具有的思维形式："名、辞、说。"看着人们一头雾水的模样，他又解释道："我说的'名'，就相当于给一件事物下定义，就是概念的意思。'辞'，是通过逻辑思想对事物进行判断。至于'说'，就是根据自己的判断进而推理出的道理！"

众所周知，先秦时代也涌现出一批思想大家，如惠施和公孙龙等。他们都致力于研究逻辑问题。惠施说："前人辩诘的范围太小了，我认为要把它的范围扩大到自然界的一般事物之中。"公孙龙则致力于研究"名"的确定性。从他十分著名的"白马非马"这一辩论之中，我们就能感受到他对于"正名"的原则和方法的追求。

和他们相同的是，墨子也致力于研究逻辑体系。不同的是，他对于先秦诸家的思想又有所批判。

以惠施为例，惠施觉得这个世界上的任何事物都有相同的、能够一起解释的方面。他说：从普遍概念来看，天下任何事物都是物，都可以称之为一类，可是如果从特殊概念来看，那么天下万物都有自己的特征，万事万物都是不一样的。在惠施的理念中，是非真假仿佛可以混为一谈。

后期墨家对惠施的这种相对主义倾向进行了批判，在《经上》中写道：辩，争彼也；辩胜，当也。墨子说：“辩论就是为了争论两个矛盾命题，如果有符合客观事实的命题，辩论就可以取得胜利。如果两个矛盾命题都是假的，不符合客观事实，那么双方的争论就必然没有结果。真假是非绝对不能混为一谈。”同时，墨子在《墨经》中写道：所谓辩，就是为了争彼也，就像“或谓之牛，或谓之非牛”“或谓之是，或谓之非”一样，凡是关于矛盾命题的是非之争，一定会分清楚胜负，即存在胜者或负者。这正是“辩”的目的和作用——要分清是非的区别，审察治乱的规律、明显不同的地方，考察名实的道理，区分利害关系，决断嫌疑，若不能达到这个效果，那就是没有意义的“辩”。

万事万物都有各自不同的性质，怎可混为一谈？如果想要对某种事物的某个特性进行辩论，那必然会得到正确的结论，除非辩论的两个人说的都违背了客观事实。辩论的目的就是辨别谁对谁错，进而得出正确结论。如果是非真假都能混为一谈，辩论就失去了它最初的意义。

再来看看墨子对公孙龙想法的批判吧！

众所周知，公孙龙的“离坚白”思想得到很多人的认可。可对于公孙龙的这一思想，墨子提出了“坚白相盈”说。墨子说道：“从客观事实的角度来说，坚硬与白色的确都是同一块石头的属性，当人用眼睛看，只能看出来它是白的，是因为这时候人还没有用手去触摸，这块石头的坚硬特征还没有被人感知到。反之亦然，只用坚硬形容这块石头，无非因为还没有感知到它的白色属性罢了。这块石头始终是坚硬且洁白的，对它的描述不能偏于其中一方。”我们不能脱离视觉感受仅仅只是简单地将石头描述为坚硬的，同样也无法单一地用洁白来描述它，万事万物都具有很多特性。虽然对于这些特性的感知方式各不相同，但是我们无法把它单一地分辨出来，需要从客观事实的角度合理地对事物进行评价。

不仅如此，墨子对公孙龙的另一思想——白马非马也持批判态度。公孙龙的这一思想，过于注重事物的内涵，侧重强调确定性的概念而忽略了其他方面，是一种典型的唯心主义思想。

后期墨家则毫不留情地用唯物主义思想来驳斥他的观点。墨子在《经下》这本书中写道："惟吾谓，非名也，则不可，说在。"意思就是，我们不能过于强调一件事物的某方面特性而忽略其本身的概念，这样太过于偏激。

他用"是而然"这种观点来解释：白马是马，所以乘白马也是乘马。同样，骊马是马，乘骊马也是乘马。他是人，爱他就是爱人。你是人，爱你就是爱人。概念具有普遍性，鹤是一种动物，白鹤、黑鹤、公鹤、母鹤都是鹤这种动物，它们的普遍概念是一样的，不能因为某方面的特征不同就否认了它们的同类性。公鸟是鸟，母鸟也是鸟，我们不能因为它们性别上的差异，就确认它们是两个物种，过于强调它们性别上的特性，而忽略它们本质上都是鸟，这是根本不符合事物逻辑的。毫无疑问，这是墨子对公孙龙的诡辩进行的有力批判。

总而言之，后期墨家思想就是在对这些名家一次又一次的批判中慢慢成长起来的。虽然双方在思想上的辩论非常激烈，但无可否认，后期墨家思想中的许多元素的确有前期名家思想的影子，经由双方思想的碰撞，关于逻辑的科学体系逐渐完善。

上帝存在也能通过逻辑证明吗

上帝，在西方文化世界里，就好像我们国家的玉皇大帝一般出名，千百年来始终被人们崇尚以及尊敬，是神学能够存在的主要思想意象依托。上帝为神学各种理论的诞生创造了前提和基础，但反过来，神学为了证明自己的观点和理论，首先要做的事情就是能够证明上帝的存在。那么，神学领域的相关专家学者有没有通过逻辑证明上帝的存在呢？答案是肯定的。不过大多数的证明过程较为复杂，所涉及的各种表述也非常艰涩难懂，大部分人看到其中的各种名词都会头大。不过，也有一些证明过程是极为简单而有趣的，接下来将具体讲述几个简单而有趣的例子。

首先是安瑟尔谟的“本体论论证”。安瑟尔谟生活在遥远的12世纪，作为“最后一届教父和第一位经验哲学家”，安瑟尔谟在整个哲学领域的发展过程中留下了非常浓墨重彩的一笔，对后世哲学的演化和发展具有重要的意义。

安瑟尔谟一直致力于调和信仰和理性的矛盾，因此想通过逻辑证明上帝的存在，“本体论论证”就是他的主要武器。乍一听“本体论论证”，你可能会觉得它很难懂，但其实不然，这项论证过程可以通过简单的三段论及三句话说明白。具体包括大、小前提和结论：大前提主要指的是上帝是最完满的东西，世界上现存已知的任何人或者事物都不如上帝完满；小前提即指出最完满的东西不仅存在于观念之中，也存在于现实之中。如果一个事物仅存在于观念之中，而不存在于现实之中，就说明它本身是有欠缺的，自然不能称之为最完满了。综合这两个前提条件，就可以得出“上帝是存在的”这一结论。

看到这里很多读者可能会产生疑问，认为安瑟尔谟的这套理论比起真正有理有据、引经据典的证明过程更像是自己设定了一个逻辑环境，从上帝的概念中推导上帝的存在，就像玩了一个文字游戏，但若是想要反驳这个文字游戏却好像并不容易。其实，读者产生这样的感觉很正常，著名的“上帝悖论”就是这么来的。

安瑟尔谟的这个“本体论论证”在刚被提出的时候，就不断出现关于它的问题。比如最常见的，是有人会问：“既然上帝是全能的，那么他能不能造出一块他举不起来的石头？”这个问题的角度很刁钻，仔细剖析可以发现，提出这个问题的人可以说是给上帝挖了个非常深的坑，因为创造出一块举不起来的石头这个条件本身就是不管怎样都不可能实现的。假如上帝能造出一块石头，但他举不起来，就说明他不是全能的。另外，假如上帝不能创造出一块他举不起来的石头，那么他也不是全能的，反正提出这个问题的人比起反驳上帝是存在的这个观点的人，更像是找碴儿。

除了安瑟尔谟的这一套理论方法以外，关于能够证明“上帝是存在的”这一观点的著名理论还有一个，就是布莱士·帕斯卡的“功利选择证明”。布莱士·帕斯卡作为安瑟尔谟的绝对后辈，身处

17世纪的法国。作为一名数学家、物理学家以及哲学家，他在很多方面有自己的风格和想法。帕斯卡证明上帝存在的理论与其他关于这项理论的证明方法和风格都有所不同，整体上来看，他就像一个赌徒在进行一场赌博。帕斯卡关于“上帝是存在的”这一观点的表述被收入他的代表作《思想录》中。首先，他认为上帝是否存在不能靠人们有限的理性来证明，所以人只能从功利的角度来选择是否相信上帝的存在，用概率论里面的列举法对具体情况进行分析，有以下四种情况。

第一，上帝存在，人信仰上帝，认为上帝存在，获利；

第二，上帝存在，人不信仰上帝，认为上帝不存在，会受到严重惩罚；

第三，上帝不存在，人信仰上帝，认为上帝存在，既不会获利，也没有损失；

第四，上帝不存在，人不信仰上帝，认为上帝不存在，既不会获利，也没有损失。

接下来，对这四种情况的结果进行分析和总结，用概率学的方法得出结论：如果人不信仰上帝，会有二分之一的概率受到惩罚，但是如果人信仰上帝，则一定不会有什么损失，甚至还有二分之一的概率获得好处。所以从功利性的角度出发，人应该信仰上帝。这样的观点用中国的一句古话来表达可以更好地被我们理解，即“宁可信其有，不可信其无”。面对像上帝和神仙这样的虽然从没有人真正见过的存在，不管是在自身信仰还是外界环境影响下，人们都习惯于先相信他们的存在，愿意为他们修建教堂、寺庙或者道观等，每天都会有无数的信徒或者游客到这些地点进行各种祭拜或者祷告活动，以示尊重和信念。

现代的我们当然知道，上帝是不存在的。但古往今来，浩如烟海的著作中有相当一部分哲学类的书籍涉及“上帝是否存在”的问题，通过逻辑来证明“上帝存在”也是一项非常有趣的研究，本书仅以其中两种论断为例向读者展现了逻辑学魅力的冰山一角。

邓斯·司各特：逻辑学背叛者

前面我们已经说过，整个逻辑学的发展历史总的来说可以分为三个阶段：首先是公元前400年至公元前200年的古希腊，代表人物是亚里士多德，他的著名理论是“三段论”；其次是12世纪到14世纪，这一时期的繁荣源于巴黎大学和牛津大学等知名高校；最后是19世纪抽象代数的发展，促生了逻辑学的第三个时期，在这一时期，弗雷格和罗素提出了非常新颖的逻辑学观点，是现代逻辑学发展的重要标志。而有着逻辑学背叛者之称的邓斯·司各特是第二个时期最为重要，也最有影响力的人物。

邓斯·司各特是苏格兰中世纪著名的哲学家、神学家、温和实在论者，代表作品是《巴黎论著》《牛津论著》等。他的主要思想是认为上帝是无所不能的，拥有赋予物质思维的能力。

邓斯·司各特自小生长在苏格兰一个偏远的地方小镇。当时的西方国家大多崇尚神学，司各特的叔父作为当地的托钵僧会教长，对于神学等理论自然有一定的见解。而且，由于身份的特殊性，他的手上有一个可以去大学里学习深造的推荐名额。他将这个机会给了自己的侄子，司各特就在这样的契机下开始接触这个领域并且到牛津大学深造。可以说，司各特整个学习生涯的启蒙阶段都来自他的叔父。经过一段漫长的学习，司各特获得了神学学士学位。当时的学士学位与我们现在普遍认识的不同，那时取得学士学位就相当于达到了现在副教授的水平，是可以外出任教的。

因此，司各特离开学校后到了巴黎任职，主要讲授和宣传《句法学》。这期间，司各特凭借他的人格魅力和对于这门学科的独特理解获得学生的广泛好评。就在他认为生活将继续这样平静无波地进行下去的时候，意外来到了。短短一年时间，司各特就因在当时的法兰西皇帝腓力四世与教皇的争执之中站到教皇一边而遭到驱逐，他不能继续留在巴黎，只好回到了家乡苏格兰。后来，随着皇帝与教皇的矛盾冲突得到一定程度的缓解，司各特才得到重新回到巴黎的机会，在那里度过了几年相对平静的日子。这期间，他攻读了博士学位，完成了《句法学》的讲座。但是好景不长，政治动荡再次袭来，司各特又被赶到科隆，1年后便与世长辞。

司各特的一生很短暂，只有43年，而且他的生平并没有非常明确地被记载以及流传，现在关于他的人生经历的叙述大多来自后人对于相关史书的挖掘，在旁人的传记背景之中发现他的身影。但是就算这样，也并不代表他的影响力不足，相反，司各特的影响力巨大。他之所以被称为逻辑学背叛者，主要原因就在于他奇特且批判的逻辑学主张和思路，总结起来指的是他将神学和哲学严格区分开了。司各特的整体思想可以划分为哲学和神学两个主要方面。他在哲学领域讲逻辑，但在神学领域则彻底抛弃逻辑，因为他始终坚定认为神学的各个主张都根植于信仰，至于逻辑性是否合理则不重要。他就在此基础上批判前人，如托马斯·阿奎那等关于上帝的证明。

司各特的思想区别于传统的派系分明的逻辑哲学，归结起来可以被这样描述：承认认识起源于感觉印象，但又没有沿着传统的经验论的道路一直走下去。因为他非常重视理性认识，认为理智的能力已经到了完全依靠自己的力量产生必然性认识的程度，因此，邓斯·司各特走的是经验论和唯理论中间的一条道路，不属于任何一方，但带有两方的特色，是二者奇特的结合。举个简单的例子，当一个人将一根木棍插入水中时，人的眼睛看过去觉得木棍由直变弯，这时他可能会以为木棍被折断了。这份感觉与事实究竟怎么样没有关系，因为光靠感觉也得不到真相，这时我们需要利用理智，即较硬的东西与较软的东西接触时是不会折断的，木棍比水硬，水就会向它退让，所以木棍不是如视觉判断的那样被折断了。

这样，视觉的错误就被理智纠正了。在他的代表作《牛津论著》中，有一段话，即“人们通常把上帝看作无限的存在，而把上帝的创造物看作有限的存在，这就意味着有一种既不等于上帝而又适合于上帝，既不等于感性的存在物而又包括感性存在物的一般的存在。这样的存在是人的有限的理智从感觉材料中抽象出来的，它具有普遍性的意义，可以适用于一切存在”。这也从另一角度直接说明神学和哲学之间具有明确的分水岭。

总的来说，邓斯·司各特正是在这样的中间道路上维系着平衡。他不仅用上帝的无所不能论证自己的观点，又对正统的经院哲学做了探索性的批判。并且，在当时的历史情况下，邓斯·司各特能够公开主张神学和哲学各有其对象，是两门单独分开的对象，就承认了哲学是独立于神学的学科。再加上司各特的人格魅力和讲课经历，他可以将这一思想和主张传播给自己的学生，并得到他们的支持拥护。这也在帮助哲学从神学的束缚中解放出来的道路上发挥了重要的作用，有力地从内部瓦解了经院哲学的基石。

休谟：凭一己之力动摇近代科学根基

苏格兰有这样一位集哲学家、经济学家、历史学家等多重身份于一身的伟人——大卫·休谟，他被视为西方哲学史中最重要的人物之一，许多人评价他为“凭一己之力动摇近代科学根基的名人”。的确，休谟的很多哲学思想时至今日仍被认可。随着对这一伟人的深入分析，可以发现，休谟旨在重构科学的合理性。从这一维度来讲，休谟可以被称为一位科学哲学家。

众所周知，休谟是因其卓越的哲学思想而出名的。最开始从科学哲学的角度来分析休谟的，是分析哲学家团队，但遗憾的是，他们的判断主观性太过强烈，明显与事实不符，生硬地将休谟归入实证主义以及分析经验论的队伍。想要客观地分析休谟这一人物，就不能忽视他对因果关系、心与外物的解释。

提起因果关系，在休谟以前，人们最先想到的应该是笛卡尔认同的唯理论和培根的经验论，他们只是单纯地凭借“致动因”把自己的主观意识转嫁到客观世界，但是这一想法缺少科学性，直接忽视因果关系的有效性和必要性，仅仅只是单纯地在强调原因罢了。培根也仅仅是简单地通过研究形式与性质之间的联系提出“因果”这一概念。

相较于他们，休谟提出的关于因果关系的思考更能体现科学性。他认为，一个人即使拥有最杰出的才能、最沉稳的理智，也不可能对着一个从未了解过的新事物总结归纳出其原因和结果。休谟举了一个十分通俗易懂的例子："一个人，他可以通过多种渠道获取知识，但是，无法否认的是，任何人获取到的知识都来源于他自身的经验。除了经验之外，我们不可能学习到正确知识。"

休谟的理论，直接动摇了之前的唯理论与经验论。我们不能凭借自己的主观想法对任何因果进行判定；同样，出离自身经验，我们也无法仅仅凭借别人的经验成果就能研究出什么来。就像数以万计的科学家们一样，如果他们仅凭前人的研究经验就能总结出研究成果，总结出这个实验的归因以及结果，为什么还会有那么多把毕生精力都投入研究的科学家呢？同样，一位新生婴儿，他也不可能在第一次见到剪刀、刀片等锋利物品的时候就能判断它们是危险物品。

虽然休谟的观点推翻了唯理论和经验论，但这并不代表他否认因果关系。对此，休谟提出了"恒昌结合"这一概念。通俗地讲就是，休谟认为当我们反复遇见某件事的时候，总会在一次又一次的经验中产生一种伴随这件事的映象，以至于当我们再次碰见这个事物的时候，总会不自主地联想到一些归因与结论，也就是所谓的从经验角度确立的因果关系。

再来说说"心与外物"这一话题。同样，在休谟的观点问世之前，近代哲学家们普遍认为心与外物可以被当作实体来研究，较为出名的思想有"天赋观念"。坚持这一思想的哲学家们认为，精神实体是客观存在的，如“我思故我在”“上帝存在”等就是很经典的言论。他们凭借对理性与因果的研究，坚定地认为可以证明上帝的存在。这一流派的哲学家坚定地认为，只有依托一定的实体，某种性质或者特征才会存在。

休谟再次从科学哲学的角度推翻了这些观点。在休谟看来，心与外物也可通过因果关系来解释，有些特性和概念是不需要存在实体的。

举个例子，刚出生的婴儿不知道剪刀很尖锐，当他第一次被剪刀划伤的时候，他感觉到了疼痛；第二次又被剪刀划伤了，依旧感受到了疼痛；那么第三次，当他拿起这个剪刀的时候，他就会下意识地想到不能触碰这个东西，它会伤害自己。在婴儿对剪刀态度的转变过程中，并没有出现“上帝”的角色，教给婴儿不要再碰剪刀，他通过自己的经验总结出触碰剪刀会导致自己受伤这一因果关系，因此不会再次触碰那个东西。这就证实了心与外物的确是存在关联的。

休谟始终坚信这一观点。他说道：“因果关系是一种自然倾向，这种自然倾向的基础就是一遍又一遍重复的经验。心与外物之间的联系不是一成不变的，不可能将心与外物之间的联系描述为某一实体。”心与外物的关联更像一种知觉、一种直觉、一种感受，总之是一种较为虚无、看不见、摸不着的羁绊。因为我们无法确定是否可以把所有的外物心理化，所以“心”与“外物”的联系并不只是实体与心理的联系。

就像随着婴儿的长大，他早晚有一天会掌握剪刀的正确使用方法，那时候剪刀已经伤害不到他了，自然而然地，他就不会再惧怕剪刀。可是畏惧这种心理依然存在于他的内心，可能只是表现为畏惧心理的外物对象发生了变化，从一把剪刀变成别的东西而已。由此观之，“心”与“外物”之间可能有座无形的桥梁，连接了它们。正是因为这样，休谟才赋予心与外物的知觉同一性，确立了其存在。

从因果关系和心与外物两个例子看来，休谟的哲学思想之所以具有相当高的科学性，是因为他能够立足情感的本能建立一种符合自然事实的概念。可以说，休谟的关注点，很大一部分聚焦于近代科学，而他从哲学的角度提出的很多思想无一不构建出一种科学合理性。相较于那些主观意识极强的、想当然的哲学观点，休谟的理论更合乎科学合理性，甚至可以说，他的科学哲学就是一种关于科学合理性的理论。由此可见，休谟真的是一位当之无愧的仅凭一己之力动摇近代科学根基的伟人。

黑格尔：辩证逻辑集大成者

作为哲学史上巅峰式的人物，黑格尔的哲学不仅是古代与近代哲学的最高综合，又是滋生、给养、孕育现代哲学的源头与土壤。毫不夸张地说，如果不了解黑格尔哲学，我们将无法正确地认识现代西方哲学。

然而，我们必须承认，黑格尔哲学是现今最难搞懂的一门学科。这一特性并非历史变迁、文化差异等原因产生的，而是从始至终，许多研究哲学的人都对黑格尔的精神世界想表述的哲学观不甚理解。大诗人海涅说，他很少能够看懂黑格尔，以至于他觉得，黑格尔本身就不想让别人看懂。

形成这种局面的重要原因在于，黑格尔提出了史上最完善、最庞大、最具架构的形而上学世界。这种和辩证法处在对立面的哲学理论，用更为普通的语言来描述，就是研究神学一类，无法通过感觉、经验描述的事物和现象产生与发展的学科。我们所知的黑格尔则是辩证逻辑集大成者。

到这里，我们或许能多少了解一点黑格尔难懂的原因了，因为他的认知远远超出普通人的认知范畴，他对事物及现象本质的深刻理解已经从客观化、概念化上升为“绝对精神”，而这种“绝对精神”又不是僵硬、孤立、静止的存在，是一直在不断变化的。

变化，不仅适用于世界万物，亦适用于黑格尔哲学思想确立与演变及不断成熟的过程。

黑格尔在图宾根神学院时，德国的思想界正处在法国大革命和启蒙运动的双重影响之下，此时统治欧洲思想领域的传统宗教不断地受到新思维的批判与驳斥。这时，尚处在青年时代的黑格尔把他所处的时代问题归结为宗教问题。他认为宗教是人与神、神与神、神与世界及灵魂的科学，宗教所运用的知识是建立西方世界文化的基础与根本。黑格尔发现，这两种本该相辅相成的科学却处在对立面。宗教的教义与规则跟人的情感与生活相对立。简单来说，就是人们在宗教知识所建立的文化中开始有了自己的思想和观点，但是这个思想和观点却在宗教教义和律法中没有质疑、反思的权利，只能服从并接受。这就使得人这一主体和客观世界发生对立。

这种对于对立的认知是他思辨逻辑的起源，辩证法在此得到充分的运用，因为此时的黑格尔不仅致力于解决矛盾，而且试图用爱调解并化开这种矛盾，在对立中形成统一。

这种略显天真的想法，是青年时代黑格尔思想的一缕明媚的烙印。当我们觉得他过于伟大且遥不可及的时候，可以想一想青年时代还略有些青涩的黑格尔。

当然，黑格尔对于爱有着明确的认知，那就是爱的核心意义在于它的“统一性”。爱统一了主体与客观呈现的对立，也是在此时黑格尔提出“爱上帝”就是感觉到自己投身于生命的全体里，没有界限，在无限之中。

黑格尔认为无限的东西是最大的，一定会有把自己外化和异化为有限世界的一面，无限不与有限对立，相反包含着有限。这种认知是他理解下的形而上学世界构成的重要因素。

随着时光的流逝，黑格尔在不断成长中，思想日臻成熟。

黑格尔发现，爱是一种主观上的感情，无法被客观运用，并达到现实世界的理想状态。思想在一处碰壁，必然要在另一处寻求突破。

此时的黑格尔着重于生命本身，他认为有限的生命因实体的活动性，必然会否定自我的有限性，转而追求无限性。

这种对于无限性的追求是形而上学的本性所在。

此时的黑格尔认为生命是具有多样性的统一体，生命之间既存在对立关系又互为联系。此时的黑格尔承认了事物本质的多样性，不再试图用统一的论调对事物进行规范性的整体归纳，开始尊重生命个体之间的差异。这对于黑格尔来说，是一次跨越性的进步。他认为，生命虽然存在有限性，但是它通过繁衍可以把有限进行无限的延伸。在这种延伸与发展中，个体既可作为独立的个体存在，又是整个人类生命体中的一部分。个体是有限的，但生命体却是无限的。

在这里的论述中，我们可以看出，黑格尔对于辩证有了两个重要的概念认知，即“肯定性”与“否定性”。他在有限的规定里不断扬弃生命自身，并且成功过渡到生命的反面。

当个体的生命以死亡为终结后，个体生命所延续的无限生命即精神却会存在永远延续。但这种精神和真理不可能是永存不变的，它仍旧受客观影响不断变化。直观的生命在此上升为思辨的概念，此时世界由完全的逻辑构成，由N个个体组合形成的世界，在黑格尔这里成为不断变化的变化体，因为我的存在及思想和理论影响改变了身边的其他人和世界。那么，这个原有的世界发生了变化。当世界朝着理性和自我认知的方向发展，发展到最后，这个世界的本来面目就展现出来了，形而上学亦同时发展完成，这时我们方能正确认识到这个世界。也就是说，我们所认识的世界，必须等到它发展成熟后才能显现。

黑格尔认为“正”“反”“合”的客观规律在不断推动世界的发展，“绝对精神”成为黑格尔哲学标志性的存在。

“绝对精神”是一种唯心主义。黑格尔对于事物的认知和理解并不绝对，他认为这个世界并不是非黑即白、非对即错的单一、片面的思维方式，对待事物我们要秉承对立统一的思维。他认为任何单纯抽象的观念或否定都是本质上的“扬弃的扬弃，对立的对立”。在“绝对精神”的引导下，对于历史和世界进程的认识，黑格尔提出，历史不是由人类创造的，历史是辩证法的实践者，我们只是历史的工具而已，人类只是世界认识自己的一个媒介。

作为德国古典哲学和辩证逻辑的集大成者，他的一生的大部分时间专注于拓展历史中的辩证法。虽然他的思想极其深奥与晦涩难懂，但这并不妨碍他的伟大和对于逻辑辩证法的贡献。

黑格尔在其著作《大逻辑》的开篇如是说：“没有一门科学比逻辑科学更为强烈地感受到一种需要，即在不做出任何先行的反思的情况下，以事情本身为开端。”这也是人们有必要学习逻辑学的重要原因所在。

第二章 <<<

逻辑学：纠正错误的思维习惯

打碎“经验主义”的樊笼

关于经验，有人做过这样一个实验。

把两只猴子关进一个笼子里，不给它们食物吃。三天后，两只猴子饿得两眼直冒金星。这时，把猴子最爱吃的香蕉连同一块烧红的铁板一起放进笼子里。注意，铁板此时放在香蕉的上端，猴子要吃香蕉，就必须拿开铁板。

饥肠辘辘的猴子一见香蕉，也顾不得多想，伸手就去拿烧红了的铁板，试图去吃铁板下的香蕉。结果，香蕉没有吃着，手却被烫伤了。饥饿的猴子顾不得手痛，又尝试了几次，直到被烫得哇哇大叫，不得已，才放弃了吃香蕉的念头。

第二天，被送进笼子的除了烧红的铁板和铁板下的香蕉外，还有一堆没有放置铁板的烂水果。猴子先是努力尝试挪动烧红的铁板准备吃香蕉，结果一直没有成功，不得已，只好将就着吃烂水果。

一周的时间很快就过去了，俩猴子明白了一个“道理”，那就是吃香蕉会被烫伤，吃烂水果却不会。

这时，另一只饿了三天的猴子被研究人员送到笼子里。这只猴子显然没有挨过铁板烫，当香蕉和烂水果一同被送进来时，它立刻就想拿香蕉吃，另两只挨过烫的猴子看到这一幕，便极力劝阻，最后三只猴子一同吃起了烂水果。

过了几天，第四只猴子进笼子后，也想吃铁板下的香蕉，结果被其他三只猴子一同劝阻。于是，大家一起吃起了烂水果。

两周后，研究人员拿走香蕉上的铁板和烂水果，想看下四只猴子会有什么反应，结果是四只猴子即便很饿，也不会拿香蕉来吃。在它们眼里，吃香蕉意味着被烫伤，意味着危险。

在这个案例中，我们明显感受到，当猴子烫伤的经验方式渗透后，它对香蕉相关的观察都会渗透进危险的符号，这实际上已经造成猴子对整体事件认知的偏差。

我们不能否定经验的作用，至少在前期，经验成功帮助猴子和同伴避免了再次遭受烫伤。但是，猴子对于经验不能审时度势，不能随着外因的变化而变的思维模式，是值得我们思考的。

相较于上述研究，佛家对于这种固守经验形成的定式思维和固化认知，有更早、更为深刻的认知。

佛法中有烦恼障、所知障、业障，其中所知障讲的便是，如果你把所知的现象和知识变成固化思维，那么，你所学、所知的现象和知识非但不能帮助你，反而会成为你接受未知事物和知识的阻碍。

经验是人类在长期的生活和学习中积累的知识、了解的现象。善于利用经验，可以帮助我们少走弯路，快速获得事件结果，节省时间和精力。但是，如果我们固守经验，则很可能让自身陷入“经验主义”的樊笼。

如何避免陷入“经验主义”樊笼呢？

首先，我们需要用全面、客观的目光审视事物，进而对事物本身有一个更深层次的认识。我们应该明白生活中各种原因与结果的联系，在参照以往自己没有亲身体验的经验时，要尤其避免出现“想当然”的唯心主义观。

新闻报道，一位大爷因吃香椿芽把自己吃进了医院。

原来，老大爷的老伴不在家，很少下厨房的老大爷想吃香椿芽炒鸡蛋，便参照以往西红柿炒鸡蛋的经验下厨，准备一显身手。没承想，漏掉了香椿芽须焯水这一步骤，再加之大爷特爱吃香椿，结果香椿放得太多，导致亚硝酸盐中毒，不得不被紧急送往医院。

这个事例在一定程度上说明，经验是不可以随便参照的，尤其是没有亲身体会、想当然的经验。这就是为什么同样的一件事情，别人做会成功，自己却失败了。我们往往只看到了经验的表层，没有深入经验所体现的更深层，即各种原因和结果的内在联系里，忽略了某些客观因素的存在，从而造成认识上的整体偏差。当一个错误的经验被引入人们的生活中，可能会为我们带来另一个错误的结果。

引用列宁同志的话就是：“要真正地认识对象，就必须把握和研究它的一切方面，一切联系和‘媒介’。”

千万不可阉割事物间的普遍联系，在借鉴经验时，我们需要运用辩证的方法，根据事物的不同变化，以及内在的种种联系，做出恰当、合适的判断，在有效发挥经验作用的同时，又不至于固守在经验的樊笼内无法出逃。

其次，我们万万不可把事件内局部或是狭隘的经验误认为普遍的真理，让现象代替本质。诸如，被烫伤的猴子把香蕉和烧红的铁板这一同时出现的现象代替为香蕉这一事物的本质，从而出现以偏概全的错误。

思考问题时，我们还需要运用多种方式，可以完全摒弃原有经验设定的逻辑思维范畴，大胆突破，利用事物本身特质，运用开拓性思维方式来解决问题。

现今，出于商业利益的考量，许多雨林被乱伐、乱耕。如何保护雨林，成为当下亟待解决的问题。

如果采用卫星侦察，不但费用昂贵，且发现问题时雨林已经遭到破坏。

此时，有个年轻的科学工作者就利用旧手机，运用声音采集的方式来保护雨林，因为不管是伐木或是偷开垦耕地，你都不可能不发出声音。这种全新的方式果然收到了很好的效果，使得雨林保护在它没有遭受破坏时就开始了。

最后，我们需要对经验主义有一个准确的认知。所谓逻辑经验主义，是指在表述事物和现象时，必须运用科学、严谨、精准的逻辑语言，需要观察事物现象中蕴含的逻辑经验主义的共同特征和规律，运用经验证实和逻辑分析加以论证。当这些都具备了，我们方能正确运用经验，不至于被经验主义所困。

在这里，我们尤其需要重视的是，在运用“经验主义”时，命题的真理性必须得到经验的证实，而经验的证实须通过严谨的逻辑分析实现，两者互相依托、不可分离。

我们需要明白，逻辑经验主义中经验的实践活动并非哲学观念意义上的纯粹经验，它必须通过科学实证，得到证实。

从“瞎蒙”到推理

不知道你身边是否有这样的人：口才了得，喜欢侃大山，在讨论某个事件的时候，直截了当地说出自己的观点，但是你要追问他这个观点是怎么来的，他却说不出个所以然来。很多时候，不只是别人，我们自己也会不经意地有“瞎蒙”这样的错误思维习惯，即回答别人的问题时随便说说，答案可能是自己听来的，或者不知道什么时候在网上看到的。瞎蒙这样不负责任的思考方式，习惯性地输出一些没有依据的言论，不仅是误导自己，也会误导他人。

为什么有人考虑问题时会习惯性地瞎蒙呢？我们常说性情中人，即人都是情绪化的，言论和行为举止会受到本能的影响，而本能更倾向于冲动、散漫、毫无节制，受自己的情绪摆布，而情绪所处的环境总是变幻莫测。于是，全凭本能驱使思考的人，做出的结论自然是瞎蒙的。推理思维则需要克服自己的情绪，自我控制且理智思考，这样才能做出合理、科学的判断。

数十亿年以来，单细胞生物在不断进化的过程中，都用到了推理能力，否则是无法在优胜劣汰中生存下来的。只不过动植物拥有的是本能和条件反射推理判断能力，只有人类才拥有独特的逻辑推理能力，小到上班走哪条路线能更快到达公司，大到企业的转型决策、产品的定位选择，等等。任何事情要取得好的结果，都需要足够有力的推理能力来支撑。当然，如果你完全不在乎结果的质量，仅凭一句“顺其自然”来解决所有问题，推理思维于你而言可能是多余的。否则，我们都需要好好学习和注重推理思维。

其实，在义务教育过程中，我们已经逐渐在接触与学习推理思维，尤其是在数学、化学、物理这三门理科科目中。考试题目里面有一类名为“推断题”，它是考查学生对所学知识综合理解及应用能力的题型，通过题目提供的信息推理公式，从而得出正确答案。实际上，解题的过程就是进行推理的思维过程。推理和判断是一对孪生兄弟，你能正确推理，自然就能做出正确判断。日常工作生活中，我们不管做什么事情，都需要有这种思维能力。

推理能力是一种由事物特性建立起来的推理体系，逻辑推理通常也被叫作理性推理，其推理依据基于我们对世界万物的已知特性。就好比做数学题，你让小学的奥赛冠军去做高中的题，他肯定做不出来，因为他没有相关的知识储备。比如，我们可以用地球的自转来推理太阳的升起时间和方位，掌握的知识越多，体系越完整，逻辑推理思维能力就越强。所以，推理能力有三个要素：知识储备、信息获取以及运用逻辑思维的能力。

生活中，许多人不可能有那么丰富的知识储备，那么推理思维方式是否就没有了意义呢？当然不是。每个人都有自己掌握的人和事，我们日常需要推理的东西，肯定和自己息息相关。高超的推理能力的培养需要的是多观察，多思考，只要做到这两点，对于身边的大多数事情，你都能依靠推理得出个八九不离十的结论，而不是全靠瞎蒙。

想要提高自己的推理思维能力，要做到以下几点：一是平时多读书，养成看书的习惯就能获得新的思考方式和理念；二是遇事要冷静，关键时刻不要紧张，能对现场情况进行合理的推理判断；三是培养独立思考的习惯，然后不断地通过生活阅历提升自己的推理思维。很多正确的思维方式需要经验的积累，多去尝试，不断总结。

大部分人没有形成正确的推理思维方式，主要原因在于缺乏推理的意识。难道很多人遇事都不做推理吗？确实如此。有的人会盲从，有的人压根没有意识到推理思维方式的存在，一直跟着感觉走，也就是“瞎蒙”。常见的瞎蒙类型大概有下面两种。

1. 迷信“专家”

在网络自媒体急剧膨胀的今天，充斥着各种博眼球的信息，而信息的源头往往是不太专业的“专家们”，读者或听众也在思考惰性的趋势中形成盲目相信而不主动推理判断的坏习惯。可见，独立的思考意识及习惯是非常重要的。

2. 情绪化推理

这也是常见的思维谬误。当人的某种情绪占据上风时，会部分或全部出现推理能力丧失的情况。比如，在争论中的人，基本会极力维护自己的观点，听不进去别人说的，盲目夸大自己的论据。

因此，没有形成推理思考方式的人，拥有的其实更多的是一种思维惰性，而这种惰性一开始并没有那么强烈，但由于没有掌握有效的思考判断方法，慢慢便助长了这份惰性，长期的惰性便形成拒绝思考推理的习惯。这些都是思维方式的问题。如果思维方式问题不解决，单讲方法是没有用的。对于思维方式，首先要搞清楚自己缺乏的推理能力是哪种类型的，然后说服自己正确认识瞎蒙的弊端以及独立推理思维的好处。

伟人之所以成为伟人，是因为有伟大的思维方式，让思维决定行动，正像爱因斯坦的某些学说在当时被喻为“疯子式的假设和推论”，但被后来的科学家们证实他的理论并非错误，他的猜测并非无稽之谈。推理思维就是对事物道理的一个探索过程，或者说是在已知和未知之间找到各种道理，架接一座沟通的桥梁。总之，考虑问题、做人做事都应当从现实出发，而不能凭一时热情，学会站在全局的角度看问题，善用推理思维，你就能看得远，寻找到最正确的问题解决方法，你的人生也会少走许多弯路。因为不管是哪一种推理方式，最终目的都是找到对自己有益的方向。

拯救“悖论”

《奇葩说》这档热门的综艺节目应该有许多人看过，里面出现过各种精彩非凡的辩论名场面。在正反双方激烈辩论的过程中，我们偶尔能听到“悖论”这个词。有些人可能不太清楚悖论是什么意思，单纯地以为它是辩论中的一个专业术语。其实，可以简单地将悖论理解为一个相互矛盾的结论，用公式表达：若是事件A发生，那么可推导出非A，非A发生则推导出A。具体解释的话，悖论就是表面上同一个命题中隐含着两个对立的结论，这两个隐含的结论都能够自圆其说。这就是所谓的悖论，也可以称之为反论和逆论。

许多人听了上面的解释，可能会觉得悖论跟我们普通人没有什么关系，专家和学者们才会与它有关联，这是片面的想法。其实，在我们每个人的生活中，有意或无意地都可能陷入悖论的错误思维方式中而不自知。

有个与此相关的成语故事想必大家都听说过。晋国的一位精明商人在售卖兵器，他向别人吹嘘自己有一个坚不可摧的盾，说“天底下没有东西能刺穿这个盾”，还有一个无坚不摧的矛，又说“能刺穿所有的盾牌”。商人的吹嘘其实可以翻译为：世界上既存在一个坚不可摧的盾，又存在一个无坚不摧的矛。那么问题来了，假设坚不可摧的盾真的存在，就意味着不存在一个无坚不摧的矛。很明显，这个逻辑矛盾是任何理性的人都无法接受的。

通过以上这个故事，我们可以知道：如果一个说法含有或者暗含“既肯定你，又否定你”的意思，那便是犯了悖论的谬误。一般来讲，我们不可能会说出像“我在走路并且我又静止”“广东的省会是广州又不是广州”这类明显错误的悖论语句。但正如那位卖矛和盾的商人一样，我们也许会在潜意识中陷入一些暗含自相矛盾的思维方式当中。

比如，大家在看电视剧或小说的时候，经常会把剧中、书中的角色单纯地分为正派或反派，从形式逻辑上推论：正派的人会做好事，反派的人会做坏事。所以，得到的结论：我们应该相信正派的人，不应该相信反派的人。但在实际中，有完全正派的人和完全反派的人吗？其实，每个人都是好和坏的统一体，只是比例不同而已。自私的人，对于某些事还是无私的；大公无私的人，在某些事上又是自私的。

再说，在某件事中，谁能保证一个正派的人肯定会做好事呢？同样，谁能保证一个反派的人不会有一次良心发现做好事呢？而且，立场不同，看待一个人的功过就会不同，看待一个人的好坏也就不同，又有什么能保证一个人永远都是好人呢？又能有什么保证一个人肯定值得信任呢？

之所以在命题或者推理中会出现悖论，根源于知性认识、知性逻辑（传统逻辑）、矛盾逻辑的局限性。产生悖论的重要因素是把知性逻辑形式化，把形式逻辑转变成绝对的，即把形式逻辑当作唯一的思维方式。所有悖论都是基于固化的形式逻辑思维方式产生的，而形式逻辑思维方式不可避免会出现逻辑错误。

既然悖论是错误的，那么如何解决呢？这就要提到另一与悖论相关的词，即解悖。所谓解悖，就是发现、纠正悖论中的逻辑错误，运用对称逻辑思维方式发现和纠正悖论中出现的逻辑错误。世界上的许多悖论都可以用对称逻辑思维方式去解决，所以解悖一直都被看作学术研究的一种重要方法。

对于任何一件事物，我们考虑的影响因素种类越多，对一件事物的认识矛盾也就越多，所得出的结论就越复杂。就像我们认识了花朵的色彩以后，就感受到了花朵的美丽或不美丽；如果加上对花朵嗅觉感受方面的矛盾，我们会感受到花朵的美味芳香或不美味芳香；如果再加上个体好恶因素，花朵又成为好看和不好看的……可见，悖论的产生通常是因为我们逻辑思维的混乱，人为地设定了不兼容的命题。

人脑的思维是不可靠的，因为如果思维推理系统不完备，如果从实践得到的第一手信息包含虚假的信息，归纳这些经验时不能够把这些东西过滤掉，就会影响结论的正确性，也就是说结论往往是错误的。就拿鳄鱼悖论来说吧，它就是典型的人为设定的悖论命题。

鳄鱼说：如果你能猜出我要做什么，我就放了你的孩子，反之则吃掉你的孩子。孩子的父亲说：我猜你会吃掉我的孩子。这里面包含两个命题：一是猜对则放，猜错则吃；二是若吃则猜对，若放则猜错。这正好是两个自相矛盾的命题。我们从一开始就没有考虑过其中的命题是否兼容，所以最后产生了悖论。命题不兼容，是因为我们平时不注重逻辑思维的正确性，没有根据客观事实进行命题。如果我们平时的思考都经过了严格的验证，就不会出现悖论了。

如果这些命题都符合客观事实，那么它一定是兼容的。当然，也有不兼容的时候，因为真理不是永恒的，人类的认知在进步，这时候我们要修改原先的命题。在理论发展中，人们通过逻辑性思维建立不同的概念，以利于进行科学研究。天下没有完全一模一样的事物，即使是双胞胎，也会有细微的差别。不同的事物概念不同，如同天下的叶子没有两片是一样的，如同每个人的身份证号码各不相同。所以思维时，必须使用正确概念，概念则是为了避免混淆而在逻辑学上做的规定，否则得到的结论就容易出错。

在一些人的头脑中，存在一些看起来似乎有道理实际上却不正确的悖论性观念。这些观念表面上具有一定的合理性，所以容易迷惑我们的想法，误导自己和他人，让人自觉不自觉地按照这种思维去思考问题、指导实践，其结果必然是“错误的观念指导错误的实践”。因此，我们必须培养正确的逻辑思维方式，避免陷入悖论思维当中。

警惕自己的独断论倾向

很多人会在某种条件下，把自己得到的正确知识当作永恒的真理。比如说，你身高一米六，这是在地球这个惯性星球中你的身高，从这个观测点来看太阳，太阳从东面升起，从西面落下，并且围绕地球转。但是如果你站在太阳上看地球，则是地球围绕太阳转，从木星上看又是另一回事。从哥白尼开始，日心说代替了地心说，人们便认为日心说就是真理，但这是独断论。

独断论是就固执于“非此即彼”的思维方式来说的，认为其一必真，另一必错，从而或把前者当作最真实，或把后者当作最真实，非此即彼。这种形式的思维主义就是独断论。把形而上学的独断主义捧成普遍的基调，用一些孤立的、片面的、抽象的思维规定或范畴把握上帝、灵魂和世界，如说“上帝是存在的”“灵魂是单纯的”“世界是必然的”，等等。然而，固执于这种思维方式是不能得到对于一个对象的真知的，也无法穷尽对象的意义的，因为理性的对象本身乃是多样性的统一。

没有永恒的真理，只有看问题的角度不同。横看成岭侧成峰，远近高低各不同，从不同的视角可以看到不同的现象，你不能说在某一视角看到的现象永恒为真。独断论在某种程度上说是一个“可恶且可怕的”思想立场，因为它认为整个世界都是由单一的秩序建构起来的，那么世界存在的目的无非就是这种秩序的无脑循环。也就是说，如果宇宙的目的是真理本身，那么宇宙中怎么可能有非真理的东西呢？

哲学与科学是紧密相连的。如果科学家受到独断论思维的影响，那么世界的发展或者早在100多年前就停滞不动了，因为独断论的内在缺陷在于，它消除了科学和伪科学的界限。任何伪科学都可以宣称“自己是统御全宇宙的真理，所有看似相悖的东西，最终会显现为真理的佐证”。在这样的宇宙中，一切谬误都是真理的化身，一切挣扎、追求、反省、期待的努力都是多余的、不必要的，一切都由物理法则决定好了，一切也都是无意义的。

独断论的理论姿态会阻碍任何天才成为合格的科学探索者。英国著名的经验主义哲学家培根，他的名言“知识就是力量”就被独断论主义者误解并利用了，在当时那个时代形成知识与权利挂钩的病态关系。诋毁基因学说的苏联科学官僚李森科，就是打着科学的旗号维护自己那套伪科学的科学独断论者。他维护的实际上是自己作为学术官僚的统治权威。科学独断论最终会走向自己的反面，与真理毫无关系。

在过去的历史中，许多学者和思想家曾经陷入独断论的旋涡中，包括广为人知的康德。如果说几百年前独断论横行一时，那么后面随着人类思维能力的提高，发展出了怀疑主义。因为一位名叫休谟的哲学家，康德说下了一句流芳百世的话：“是休谟让我从独断论的迷梦中清醒过来。”最后，康德用批判的方法来发展自己的哲学。也就是说，人们对一些结论不再深信不疑，而是试图通过怀疑获得不被怀疑的知识。笛卡尔把怀疑发展到极致，说出了那句著名的“我思故我在”，休谟也以他对归纳法和因果关系的怀疑而名垂青史。

休谟这样拒绝独断论：“我们去图书馆随便拿起一本书，问这些书中包含着数和量的抽象推论吗？包含着关于实在事实和存在的任何经验的推论吗？如果都没有，就可以烧掉它，因为里面只有诡辩和幻想。”为了避免独断论，休谟提出真实可靠的知识分为两类：一是不依赖于经验的知识，如物理、数学这类依赖逻辑推导的知识；另一种是需要依靠对经验的描述，即对客观世界的观测。实际上，就是逻辑推理知识和经验知识相互结合使用，从而避免自己陷入独断论的倾向。

为什么个人也容易陷入独断论的倾向呢？就是因为我们不知不觉中会做出一些绝对性的判断，形成一些主观武断的理论。例如说一些宗教的信条，如“上帝创世”“上帝全能全知全善”，这类信条没有办法从理性的角度去把握，更无法验证。又如你说“水是万物的生命起源”，这也属于独断论的。现在，我们在中学甚至大学学的很多科学知识，都变成了教条，甚至是独断论。独断论的思维严重影响了我们对事物的理解、对世界的探索，这就是思想的僵化。

例如，我们在写报告或论文这类需要措辞严谨的文章时，更需要警惕自己的独断论倾向。有些人的文章通篇读下来，基本的语言结构是这样的：“某某某（比如孔子）说……（所以）结论是……”文章中基本没有因果关系，没有论证。

在平时的工作、生活中，我们更要避免独断论，因为独断论的最大特点在于：认为自己是正确的，余者皆错。所以，我们要在平时沟通交流的表达上注意防止出现傲慢的独断论。特别是一些身居高位的管理层，在独断论的影响下容易自负，拒绝他人有价值的观点和主意，不愿意放弃自己的想法。

如何避免独断论，应该要辩证地看待问题，不做任何的绝对性判断，只给可观测的现象做暂时合理的解释。即你看到的未必是真的，你看到相关的未必有因果关系，所以我们对事物的任何思考都应该是有实效性、时效性的，我们的任何理论都应该是可推翻、可更新、可完善发展的。

过犹不及的逻辑学：只重形式不重内容

逻辑学这门相对比较冷门的学科，近年来受到更多人的关注，因为它有助于提升我们的逻辑思维水平，能够符合逻辑地表达观点。这对于我们平时的工作、生活、学习乃至人生都有举足轻重的作用。学习逻辑学，通常是从形式逻辑开始的。形式逻辑也叫普通逻辑，它是一门工具性的逻辑学，可以帮助我们研究人类的思维形式和规律。

但不少人在学习了一段时间的逻辑学之后容易“走歪路”，就是学习形式逻辑只研究思维形式而不注重思维内容，把思维形式和思维内容割裂开来。我们需要重点注意的地方是，形式逻辑是从内容和形式的统一上来研究思维规律的学说，因而绝不是什么人们想当然地认为是纯形式的逻辑。错误地把事物的概念理解成思维的形式，就像混淆了概念和语言一样，导致这些概念、命题失去与客观事物的紧密联系，从而走向辩证逻辑的对立面。

我们想要正确地掌握人类思维形式的规律，更应该把思维形式和思维内容结合起来以正确反映客观现实。把思维形式和思维内容割裂开来，是静止、片面的结果，这是与形式逻辑毫不相干的。当你忽略了内容，固执地在形式上去研究逻辑学的话，就十分容易碰到语义学悖论和集合论悖论。特别是在形式逻辑排除矛盾的研究中，因为你形式化了逻辑，为了自己的片面理解抛开了具体的内容，于是你只能被迫面对这种矛盾而无法解决它。甚至不少人故意抛开思维内容，把形式逻辑符号化，进入整个逻辑世界，使之成为自己诡辩的工具。

可能很多人不明白形式逻辑中内容处于什么样的位置。说得浅显一些，形式逻辑就是材料和问题的结构，内容就是材料中所说的事情本身，内容决定形式，形式服务于内容。形式逻辑，是一个从具体思维内容中抽象出来的逻辑形式，但它从始至终离不开客观存在，并且以客观世界为基础，以客观存在为内容。

内容是事物一切内在要素的总和，形式是这些内在要素的结构和组织方式。就像活人的肉体和精神不可分割一样，形式与内容是同等重要的。人为地将事物分割成形式、内容两部分，是一种扼杀事物生命力的行为。形式和内容不可分，形式是内容的外显，内容是形式的内涵，即形式是感性的、外在的，能被人的感官直接感受到；内容是理性的、内在的，是在感性基础上的理性升华。打个比方就是，看一个人，他的外表是形式，性格是内容，外表是对其感性、感官上的认识，思想、性格是理性的认识，两者统一于一体。

我们历史上就有一个很典型的只注重形式不注重内容的事件。明清时期利用科举制度选拔人才，科举制虽然是古代人才选拔一个划时代的创举，甚至影响到当时周边的越南、日本等国家，但从历史进程来看，清代的科举考试只重形式不重讲求实际内容，危害很大。当时皇帝把八股文定为考试专用文体，其他文体都不能使用，以至于当时的文化思想被牢牢地禁锢在八股文上，遏制了古代思想文化的发展。回看历史后再看数百年后的今天，依然还存在着只重形式不重内容的陋习。比如，一些工作场合满足于做表面文章，一些城市管理者只热衷于形象工程而没有实际改善民生，等等。

我们通常理解的辩证逻辑实际上是从形式逻辑类比的角度来理解的。形式逻辑有很大的好处，必须承认，这也是人类认识世界的基础。形式逻辑是执于“名”“相”的逻辑思维方式，会把一种形式认定为固有的性质，也就是常说的容易“著相”。

这样学习逻辑学的时候，就简单化地把逻辑理解为形式。但其实逻辑有两种形式，一种是辩证的，一种是形式的。辩证逻辑是一种内容逻辑，形式逻辑是从内容逻辑里产生的，内容逻辑使自己形式化，变成了形式逻辑。形式逻辑的基本要求是清楚事物的概念，指导我们正确地使用概念，而不会出现分歧和诡辩。所以，辩证逻辑是形式逻辑的根，它可以产生形式逻辑；辩证逻辑是形式逻辑具体化的理解，两者是内容和形式的关系。

首先，内容对形式具有决定作用，我们在确定形式之初，对事物的内容要有清醒的认识。形式是为内容服务的，所以我们要始终根据内容的发展需要调整形式，即对事物的内容保持清醒的、清楚的认识。如果不注重内容去思考问题，你的逻辑思维方式就会处于静态的立场，是一种非黑即白的思维逻辑，是线性的思维，往往会走向偏执的两个极端。

其次，既然内容决定形式，就要采取正确的形式促进内容的发展，关注内容的发展变化，始终根据内容需要调整形式，使主观符合客观。当形式适合内容的需要时，就要使这种形式相对稳定下来；当内容发生变化时，就要及时调整不适合内容发展需要的地方，使形式逐步趋于完善。当原有的形式已经基本不适合内容的发展需要时，就要抛弃旧形式，建立新形式，为内容的不断发展开辟道路。

在逻辑学中，内容和形式揭示了事物双方相互作用的实质，任何人都不可能完全脱离形式而单纯地使用内容来认识问题，也不可能脱离内容而纯粹地采用形式来认识问题。正确地看待和利用形式与内容的作用及关系，对我们认识和改造事物具有重大意义。

切莫混淆充分和必要

充分是指充足、尽量，多见于抽象事物的表述中。中国逻辑学的始发书籍《墨经》曾记载这样一句话：“有之必然，无之未必不然。”

翻译成现代汉语，是指当有了这个条件后，就一定会有某种结果，但是如果没有这个先决条件，这个结果仍可能存在。换句话说，就是充分条件可以构成结果，却不是构成结果的必要条件，它是结果可选择的条件之一。

比如，我们在做数学题时，会遇到这样的选择题：如果一个数的尾数是0，它就能被2整除，这种说法对吗？

其答案无疑是对的，所有尾数是0的数都可以被2整除。

但是，需要注意观察的是，在这个问题中，尾数是0的数就是被2整除的充分条件，因为不但尾数是0的整数能被2整除，偶数也可以被2整除。所以在这一道题中，如果没有尾数是0的数的存在，把条件置换成偶数，这个问题也是成立并正确的。

所谓必要，是指不可或缺，必须要具备，非这样就不可的。必要是事物和现象生成时必须具有的不可或缺的条件。没有这个条件，其结果一定不可能成立。但是我们需要重点注意的是，必要条件还具备这样一个特性，那就是该原因不足以确保该结果的存在。

比如，有电，电梯运行。具有常识的人都知道，电梯只有在有电的时候才能运行，没有电，电梯是无法运行的，此时电是电梯运行的必要条件。然而，有电，电梯就一定会运行吗？不一定，有电时，电梯也可能不运行。

上述两则事例，为我们展示了充分条件和必要条件在逻辑思维中具有的不同属性。

在案例中，我们可以看到，充分性是构成结果的诸多条件之一，有了充分条件，就会出现相应的结果，然而，没有充分条件，相应的结果依旧可能产生。必要性则是构成结果必不可少的条件，虽然它不一定能导致结果的发生，然而，没有它，结果就一定不会产生。

之所以强调不要混淆充分条件和必要条件，是因为进行逻辑思维的推导时，第一步要做的就是确定前提条件。当我们分不清充分条件和必要条件时，很可能造成逻辑思维的混乱，从而推演出错误的结果。

生活中，如果我们不能清楚认识充分条件和必要条件的差异，很可能被事物的表面现象所蒙蔽，费力费时干了一堆事后，仍然没有办法获得心中想要的结果。

比如现下，许多家长特别喜欢给孩子报特长班，认为孩子只有多学、博学，才能在以后的社会中更具竞争优势。就这个思维和观点的正确与否，我们先且不谈，要谈的是，作为家长，我们同样付出了极大的时间成本和物力成本，为孩子找好的补习班、好的老师，购买器材，不惜牺牲自己的业余时间，不辞辛苦地接送往返。有的孩子十分配合家长的安排，学得不亦乐乎；而有的孩子却边学边生厌烦，认为自己玩耍的时间都被家长占用完了，从而对家长心生不满的同时，又觉得自己的童年完全沉浸在一片阴郁之中。

其实，导致这样两极分化的原因很简单，那就是有的家长抓住了问题的必要条件。真正能让孩子乐学、爱学并学好的必要条件是孩子喜欢并热爱这个特长。如果孩子对特长班没有学习兴趣，家长却强迫他去参加，不仅浪费了孩子宝贵的休息时间，还达不到满意的效果。

那么，如何把充分条件和必要条件区分开来呢？

这就需要我们必须对问题有一个深层次的认知，抓住问题的核心所在，万不可把表层呈现出的要求和需求当成此事件的核心要求和需求，因为表层呈现出的要求和需求大多是解决此问题和此事件的充分条件之一，只有核心处呈现的要求才是真正能够解决此事件的必要条件。

比如，一个年轻人对待婚姻太过重视物质条件，认为丰富的物质条件是构成幸福婚姻的必须条件，那么，这个年轻人就有可能在婚姻这件人生大事中翻船，因为构成婚姻幸福的必要条件是正确而吻合的三观，而非丰厚的物质条件。夫妻双方互相尊重，忠诚于整个家庭是构成幸福婚姻的充分条件，是构成幸福婚姻中的众多条件之一。

那么，有作为幸福婚姻必要条件的正确而吻合的三观，就一定能构成幸福婚姻吗？不一定，两个人拥有正确而吻合的三观，也可能成为好朋友、好师友。

当我们对于充分条件和必要条件有了一个比较清楚、明晰的认知后，在进行逻辑思维时，才能有效避免因混淆充分条件和必要条件造成的一系列错误推论的严重后果。

为了不混淆充分条件和必要条件，在日常生活中，我们只要记住这一条就可以分清必要条件和充分条件之间的区别，即必要条件是完成这件事必不可少的条件及能力，充分条件则是指足够帮助你完成这件事的条件及能力。

当我们清楚区分必要条件和充分条件之后，做事情时才会更有条理、更有逻辑，因为我们知道，要想解决问题，首先需要满足问题的必要条件，才能从根本上解决问题。如果想让问题快速、完美地解决，我们就有必要满足问题的充分条件。

别让逻辑被习惯所蒙蔽

习惯是指人们长时间通过不断实践逐渐适应并养成的生活方式，也泛指某一地风土人情表现出的风俗、社会习俗、道德传统等约定俗成、习以为常的表现方式，是一种基于经验和实践的自动化行为模式。

由于习惯会呈现出自动化行为模式，且具有连贯性，所以，当我们在做某件事情时，由习惯所导致的种种习以为常和行为认知，极其容易蒙蔽我们的逻辑思维，把这些习以为常的东西当成不证自明的前提，要么固守习惯，不加以思考；要么把错误的前提运用到逻辑思维中，导致出现你认为毫无问题的推理，从一开始就步入错误当中。

电视剧《宰相刘罗锅》中有一个经典桥段，说的是刘墉从剃头铺出来，看见一梳着翘尾巴小辫的地痞流氓在调戏良家妇女，他不顾这地痞悄声细语地说自己的父亲就是户部的，让网开一面的话，只管拉着地痞上剃头铺重新打理他那号称“蝎子钩”的翘尾巴小辫。地痞知道刘墉的身份，也不敢反驳，不情不愿地跟着去了。

来到剃头铺，刘墉喊来一直在剃头铺学手艺的小徒弟，说看你削冬瓜皮也削了好长时间，今个就你来给他剃头吧！地痞估摸是怕小徒弟的手艺没有学精，伤着自己，直说不敢让小徒弟剃，刘墉却执意让小徒弟上手去剃头。

谁知正剃时，有人喊小徒弟的名字，这小徒弟随手拿着剃头刀便向下一甩插入地痞的脑袋里，这地痞顿时捂头便是一声惨叫，刘墉则在一旁哈哈大笑。此时，电视机前的观众才理会过来，刘墉喊地痞去剃头是假，教训他是真。

小徒弟为什么会将剃头刀插入地痞的脑袋？这是因为小徒弟学剃头时，一直在用冬瓜练手。由于店小事杂，小徒弟除了要学剃头的手艺之外，还要做一些杂活。这就使得小徒弟的练习经常性地被打断。这时，小徒弟为了省事，便会把剃头刀随手插入冬瓜，时间一长，便形成习惯。

当冬瓜换成真人，主体发生了质的变化时，小徒弟仍旧极难克服习惯产生的惯性思维，手起刀落间，以往习以为常的行为造成血淋淋的后果。逻辑思维水平高于常人的刘墉，正是利用了逻辑会被习惯所蒙蔽的特点，既教训了地痞，又给小徒弟上了一课，相信在以后的人生中，小徒弟再也不会拿着剃头刀插向顾客的脑袋了。

逻辑会被习惯所蒙蔽的另一个原因，在于人类的意识具有有限性。我们常常会把人们通常认为或是长久流传下来的某些东西不加辩证地运用。

诸如，现下许多家长极其重视孩子的教育问题，十分看重孩子的阅读量，总是说“开卷有益”，买来大量的图书供孩子阅读。然而，开卷真的有益吗？

当然不是，许多人一生都在开卷，却越开越迂腐，如鲁迅笔下的孔乙己。读书在先，活用为重，让孩子有选择性地学习和运用书本上的知识，远比开卷更为重要。

“开卷有益”还必须建立在对孩子有益的高质量的书本基础上。我们都知道，时间是客观存在的，对于每个人都是极其公平的，一天24个小时，你做了这一件事情，就必然占用做另外一件事情的时间。如果家人只本着“开卷有益”而不对孩子阅读的书籍加以把关，任由孩子凭兴趣、喜好自主选择，那么，就很可能产生低质量读物充斥孩子的大脑，导致孩子的整体认知处于较低水平。

由此可见，运用辩证法，对生活中习以为常的行为和认知加以辩证，灵活恰当地运用到逻辑辩证中，是避免让逻辑被习惯所蒙蔽的重要方式之一。

要想做到自己的逻辑思维不被习惯所蒙蔽，我们就必须成为具有独立思想，有分析、分辨能力和精辟见地的人。

当我们运用逻辑思维时，尤其需要注意的就是对逻辑、证据做出充分的论证，不要人云亦云，不要想当然，不要习以为常，要对常识、前提等做出真与假、对与错的评判，万不可把假的推理前提运用到推理过程中来，这是因为前提为假时，整个推理过程都会围绕假前提开展，假的前提“假值”就会不恰当地被我们保留到结论中来，从而产生错误。

那么，如何辨别生活中习以为常的东西是否有假的前提呢？

第一，我们需要注意，这些习以为常的东西是否具有自相矛盾的逻辑谬误，是否会出现思想上的冲突和逻辑上的矛盾，如我们常说的当局者迷，旁观者清。

当局者在事件中对事件的了解还存在迷惑，而旁观者完全不在事件中，对事件的了解却胜过当局者，旁观者为何会更清楚呢？这个到底是清楚的清，还是利益不相关的清呢？

第二，我们需要注意的是，这些习以为常的东西是否具有因果逻辑或是偷换概念的错误。如我们购买农产品时，对方都会强调“它是自己种的”，而我们也会习惯性地认为这样的农产品就是新鲜的、有机的、绿色的。个人种植和农产品本身好坏，完全是两个概念，他种植农产品和他能否种植出绿色、健康、有机农产品不存在必然的联系。

第三，以偏概全，把局部当全部。如，你在背后听见别人对你的议论时，会用“谁人背后无人说，哪个人前不说人”安慰自己，认为这是一种惯常的行为，并没有什么。这种以偏概全的认知，就是逻辑错误的开始。

1. 有人说自己，有可能是自己在某一方面真的有所不足，如果是这样，我们是需要改正的；

2. 有人说自己，也有可能是这个说自己的人人品存在问题；

3. 还有一种情况，那就是你们之间存在某种误会，这时需要早点解释清楚。

第四，由于认知有限，把常识当成正确的前提加以运用，如“开卷有益”。

在日常生活中，我们要想逻辑清晰、正确，就必须对习以为常的知识加以辩证，学会活学活用、三思而后行，进行有选择性的引导和选择。这样才能有效避免因习惯或习以为常的行为、思想及事物蒙蔽自己的逻辑思维。

常见的逻辑谬误

亚里士多德在《工具论》中的《辩谬篇》里，把谬误定义为“诡辩的反驳”，即表面的、虚假的反驳。通俗一点说，就是表面上看是反驳，实质上却是谬误的论证。

谬误是逻辑学的重要组成部分。亚里士多德把谬误分为与语言相关的谬误和独立于语言的谬误两大类，每类谬误因错误形式不同被拆分为多种表现形式。可以毫不夸张地说，谬误无时无刻不存在于我们的日常生活里，今天就介绍几种常见的逻辑谬误。

你对自己的同事说：“新来的领导太给力了，他的方案一出，你看这个月的业绩多棒。”同事听后说：“我就知道，你不喜欢以前那位老领导。”

这时，你一时语塞，谈话完全进行不下去了。同事明显歪曲了你的本意并“随意揣测”，甚至捏造了一个根本就不存在的议题，并对你发出猛烈攻击。

晚上，你听这位同事对别的同事说：“哎，今天那个谁谁说，公司现在的业绩之所以这么好，全靠来了新领导，嘿嘿。”

你听后头都快炸了，原来歪解其意、“恶意揣测”的方式并不止一种。

虽然同事用了两种完全不同的方式利用你所说过的话歪曲其意，曲解你的论点，然后再进行反驳，但是在逻辑学里，这两种方式被统称为“稻草人谬误”。

这种谬误之所以被称为“稻草人谬误”，是因为对方捏造了一个本来就不存在的论点（这就像田地里本来没有稻草人，人们为了驱赶鸟儿，于是在田地扎了一个稻草人），借此对你的观点进行反驳。

除了捏造论点、改变论点原有用意之外，“稻草人谬误”通常还会采用断章取义、舍取论据里的部分信息，完全改变其论点本来持有态度的方法对其进行攻击。当然，“稻草人谬误”有时还会避重就轻，选择你论据里最容易反驳、攻击的论点进行攻击。

断章取义和避重就轻的方法，相较于直接捏造论点，具有隐蔽性，在日常生活中不太为人们所察觉。

比如，你说：“我觉得某某某今天表现不太好”，对方却对某某某宣称，你说他表现不好。只不过是舍弃了“今天”一词，原文语境就发生了极大的变化，使立场发生转移。所以，“稻草人谬误”也被认为是一种语言歧义型谬误，它是一种与语言相关的谬误。

要想避免“稻草人谬误”，首先要在别人提出的论点内反驳，而不是另外捏造一个论点。如果有人运用“稻草人谬误”来反驳你，你则需要深思其背后的逻辑。因为这种捏造论点的做法，往往有着某种更深刻的意识，而“稻草人谬误”只是对方某种意识的一种表现形式而已。

李宗吾先生在《厚黑学》中说：“不薄之谓厚，不白之谓黑。”你觉得这种表述对吗？肯定不对，因为这个世界不只有黑白，还有介于中间的灰。这种把中项排除的谬误，我们称之为“非黑即白谬误”或“非此即彼谬误”。

这种谬误把不只有两种可能性的事物简单、粗暴地分设为两个对立的可能性，认为非黑即白、非对即错、非此即彼、非是即非，完全不考虑事物的多种可能性，违背了世界万物对立统一的一般规律，是一种极端行为的表现。

在《有毒的逻辑》一书中，作者罗伯特曾对非黑即白谬误进行专门举例阐述并说明。

例如，我们要么给罪犯以全部的自由，要么给警察以无限的权力。

作者认为，在这个案例中，自由程度和警察权力的限度被人们忽视了，这种表述不但对事实无利，反而会使事态趋于极端。

在现实生活中，非黑即白谬误在很多时候确实把事件、思想推向极端，这对我们的生活是十分不利的。

诸如，企业在采购生产设备时，认为要购买就得是最先进的设备，不然就落后了，做企业就得做最大、最好。这种极端化思考就是非黑即白谬误在日常思维中的一种表现形式。

这种非黑即白的思维方式，看起来很刚直，很痛快，实则危害极大，它排除了世界的多样性、丰富性，把原本多姿多彩的世界进行粗暴、简单划分。

如何避免非黑即白的谬误呢？

面对事物时，我们要从理性出发，切不可只凭习惯和感性对事物进行判断，要了解什么时候，在什么事物上运用非黑即白的逻辑，避免把复杂现象过于简单、粗暴地进行不当二分。

现实生活中，我们常会遇到这样的现象。

某个人做成一件事或在事业上达到某种程度上的成功，我们便认定他成功了。此时，如果我们忽略他为达成目的采取的一些非常规、有违道德的手段，对其避而不谈，只是对他的成功大加赞赏，只在乎成功与否，全然不顾取得成功的方法是否正确，那么我们就犯了功利误导谬误。

把成功界定为成功，用效果来定义行为的价值，是功利误导谬误的表现形式。这种谬误的危害在于，忽略道德、行为、准则、规范在现实社会的意义，是“三观”错误的体现，有悖公序良俗。我们应明白，一个行为的价值是由多方面的因素共同来评判的，不能简单地用效果来评判，这一点需要我们牢记于心。

如果这种谬误在社会上蔓延开来，我们的生活将被功利给摧毁，因为人们会为了成功不择手段，这将是无比可怕的。这也是我们学习逻辑学、了解逻辑谬误的出发点之一。

现实世界中，还有许多谬误，仅《有毒的逻辑》一书就列举了170多条。那么，我们应如何在逻辑推理中避免产生谬误，陷入逻辑谬误的沼泽呢？

这就需要我们对于事物有理性的认知，用冷静的态度，对是非曲直进行判断，对真假善恶做出褒贬，在思考时从客观情况出发，而非凭借主观意识对事物进行定性，注意推论时是否会有矛盾、离题、概念混淆、错误换质、含混、歧义等现象的发生，确保逻辑的严谨性。

>>> 第三章

“三”说逻辑学

逻辑学的三大门派

公元前5世纪到公元前3世纪，三种形态迥异的逻辑学在时代的洪流中，无关语言，无关文化背景差异，无关风土人情，近乎齐发地出现在中国先秦、古印度、古希腊的人类思想学说中。它们分别是以墨家的辩学为代表的古中国逻辑、以佛教正理论和因明学为代表的古印度逻辑、以亚里士多德的归纳演绎法为代表的古希腊逻辑。

这是历史的巧合，还是人类在漫长的历史进程中思想碰撞的结果?

三种不同逻辑的诞生，其实都是人类想用正确的推理形式及其规律寻求正确结果的必然产物。寻求正确，论证正确，是人类共有的特性，所以逻辑学的诞生无关民族、文化背景、阶级等。但是由于这些逻辑学说诞生在不同的地域，受当地文化、民俗、思想的影响，它们在拥有共通性的大前提下，在其思想学说内部产生了明显的差异化。可以说，这三种逻辑是人类以不同视野，用不同方式，基于不同思维角度，具有不同侧重点以探求真理为目的的人类思想的体现。这三种具备独特性和差异化的古逻辑学说，共同展现了现代逻辑学的璀璨与光辉。

这三种逻辑，我们姑且称之为“逻辑学的三大门派”。

先秦时期，社会思想日趋活跃，诸子百家一时间百花齐放，互相争鸣，大家都试图向世人阐述自己的思想体系。然而，有争必有辩，思想的碰撞和争论，促使墨子建立起了以“辨明是非”意在“取当求胜”的墨辩学说。

如果只为得胜，墨辩学说必然不能形成较为完备的逻辑学体系。墨子认为，做任何事情不能道听途说，要以经验和认知加以甄别，需要从“事”“实”“利”三方面考量，断取舍。墨辩逻辑学体系注重思维形式和具体内容的结合，这种逻辑学具备了中国人的务实精神，更注重以论辩的形式为实际需求服务。

墨子死后，他的追随者并未停止对于逻辑思想的探讨。《墨辩》六篇中，较为详尽地阐述了墨家逻辑思想的基本概念。墨家的逻辑学以“名”“辞”“说”三种思维形式为载体，通过“类”“故”“理”进行逻辑推理，得出判断上的“或”“假”“效”“所效”的结论。墨家的逻辑学还涉及了一些较为具体的论式，如“或”“假”“效”“辟”等。除此之外，现代逻辑学仍在沿用的矛盾律、排中律、同一律和充足理由律，在墨家的学说中已有明确认知，这些认知在2000多年前是十分具有前瞻性的。

墨家认为，人们应该“以名举实，以辞抒意，以说出故”，也就是说，对于一个概念、结论或事物，要提出依据的理由、需遵循的法则与理论，并依类选择理由和依据，经过人类思想的判断、推理、论证，从而达到明确的结果。

墨家的逻辑学，由于起因重于“明是非之分”“察名实之理”，所以“审治乱之纪”就不可避免地成为墨家逻辑的中心任务。由于先秦在各方面的科学发展还难以达到支撑墨家逻辑学的能力，所以墨家逻辑学重推论，轻演绎。

墨家学说发展到汉朝时，由于当时奉行“罢黜百家，独尊儒术”，墨家学说逐渐走向沉寂。直到20世纪初，以梁启超、胡适等人为代表的学者通过一系列研究，重启了世人对于墨辩的深入研究。特别是在当代，沈有鼎的《墨经的逻辑学》、詹剑峰的《墨家形式逻辑》的相继发表，更是在继承中获得了突破。

印度是一个以佛教作为主要宗教信仰的国家，人们相信因果、轮回，也自愿受约在佛教的道德体系内。然而，古印度等级森严的种姓制度造就了以高等种姓婆罗门和刹帝利思想观点为代表的正统思想体系，和以其底层民众内心意愿为代表的非正统思想体系。两大体系又产生了林立的派系，这就使得人们信奉佛教时对现世解脱苦难、于往生寻求超脱的方式和方法及途径上有了不同的见解，各种思想与观念产生难以避免的碰撞。见解的不同，必然要进行辩论，这就逐渐形成古印度逻辑的两大流派，即正理论和因明学。前者源于古代的辩论术，后者是对前者的继承和发扬。

我们现在所看到的辩经便是佛教因明逻辑学的体现。辩经主要分为对辩和立宗辩两种形式，由一人发问，一人回答，然后再由回答的人继续发问，轮流往回。在这种辩论中，所有同辩的人都处在同档水平。这种辩论形式可以促进大家找到不足之处并加以巩固，在辩论中延伸对佛学理解的深度。

古印度逻辑学以辩论为主题，这种逻辑学不以逻辑本身出发进行研究和推理，而是从推理上进行论证考察，分析获得有效知识的方法，是一种具有说服性、悟他性、论辩性的逻辑。值得注意的是，古印度逻辑学不承认假言论式，也就是说，这种逻辑多以论断形式出现，他们注重“如此然后如此”，而不是“如此那么如此”。在其推理中，带有明显的内涵化倾向。

单就说服性这一点，很像先秦的墨辩逻辑。与墨辩逻辑不同的是，古印度逻辑的应用体现在，通过逻辑的论证，获得感观和心灵上的知识积累。由于印度逻辑学是基于佛教而兴起的逻辑学说，所以在其真知的理解上，我们应该理解其具有客观性，更倾向于宗教哲学体系中的真知。

古希腊是逻辑学的主要发源地，有相对完整的逻辑学历史。虽然人们在谈到古希腊逻辑学时言必称“亚式”，但是在亚里士多德之前，古希腊就涌现了一批逻辑学者。这里就有亚里士多德的老师柏拉图，及柏拉图的老师苏格拉底。当然，研究概念的定义及类比、假设、归纳等逻辑问题的德谟克利特也不能被忽视。

苏格拉底在逻辑方面的研究成果表现在，对演绎和归纳的意义做出实质性的探讨，柏拉图则对定义、划分以及判断的逻辑形式进行了深入的研究。

那么，后人为何独对亚里士多德有如此高的赞誉呢？这是因为他是第一个全面系统研究且建立了历史上第一个形式逻辑系统的人。

著名的三段论就是由亚里士多德提出的。其代表作《工具论》更着重于探讨形式结构方面的思维，提出以“证明的推理”“辩证的推理”“争执的推理”“虚假的推理”为方式的推理方法。

古希腊逻辑学的目的是“求知”，这里的知识是寻求世界整体与万事万物的原因和道理，是我们广义上识知的知识。它的任务是探索求知方法，被人们称为“形式逻辑”。因为初期不受成因的限制，该逻辑学被广泛运用到各类学科中，并逐渐发展成现代以数理逻辑为代表的现代逻辑。

古希腊逻辑学是三大门派中唯一一脉传承有序、体系完整的逻辑学说。

逻辑三要素：概念、判断、推理

概念、判断、推理是构成逻辑的三要素。

概念是反映事物本质属性和范围的思维形式，是最基本的思维形态，是构成命题和推理的基本单元。

例如，五常大米很好吃。在这个例子中，五常大米就是一个概念。

由于概念是反映事物本质属性的思维形式，所以概念的表达必须精准，在词语的使用上必须恰当，否则就可能出现词不达意、含糊不清、产生歧义的现象。

比如，你可以说五常大米很好吃，却不能说所有的大米都很好吃，因为有些大米的口感确实不太好。由此可见，准确运用词语表达概念是确立正确逻辑思维的基础所在。所以，在词语运用上，我们一定要遵循科学性、规范性、严谨性的用词要求，力求将概念表述得清晰、准确。

这里需要重点说明的是概念的内涵和外延。

用大米举例，大米的内涵是稻谷经加工制成的食物，外延可指籼米、粳米、糯米，也可指五常大米、原阳大米、东海大米等，还可指泰国香米等。

用一句话来概括逻辑的内涵和外延，内涵是指表达的概念是什么，外延则是指表达的概念有什么。

一个命题中，两个概念之间会因内涵和外延产生N种关系。

就概念的外延是否有相重合的现象，我们可以把概念分为相容关系和全异关系。

相容关系是指两个概念有一部分或是全部外延部分重合，一般呈现以下几种形式。

1. 当两个概念的外延、内涵不同却全部重合时，我们称之为同一关系。例如：中国占地面积最小的省份和海南省，就处于同一关系。

2. 当一个概念的部分外延与另一个概念的全部外延重合或一个概念的全部外延与另一个概念的部分外延重合时，我们称之为从属关系。例如：内科医生和医生就是从属关系。

3. 当两个概念的外延仅有一部分处于重合状态时，我们把这种形态称为交叉关系。例如：女性与老师。

全异关系是指两个概念的全部外延毫不相重，比如蓝色和非蓝色。

还需注意的是，概念反映的事物因本质属性和范围的不同，又可分为集合概念和非集合概念。

集合概念是指把对象作为集合体来反映的概念，非集合概念则指不把对象作为集合体来反映的概念。绝大多数情况下，词语所具备的集合概念或非集合概念的属性是固定的，但是在一些特殊情况下，有些词语在某些语句中是集合概念，到了另一些语句中又成了非集合概念。

比如，粮食在下列两句话中的使用：

语句一：粮食安全很重要。

语句二：大米是一种粮食。

在语句一中，粮食是一个集合概念，而到了语句二中，粮食则成了非集合概念。

基于以上了解，当我们使用概念进行表述时，需要特别注意对概念的内涵和外延做出概括、划分、定义、限制、界定，从而达到表述精准、明确的目标。

判断是我们认识世界、反映实际、明辨真假、对事物情况有所断定的思维形式，其特征就是或者为真，或者为假。

我国著名的逻辑学家金岳霖说："如果一个判断符合客观世界的事物情况，那么这个判断就是真的，否则就是假的。"

那么，如何判断是否符合客观世界的事物情况呢？

首先，我们要对判断有一个认知。判断有两种认知，一种是形式上的，一种是内容上的。

当一个推理呈现出肯定前件式和否定后件式时，这个推理就是有效的；当一个推理呈现出否定前件式和肯定后件式时，这个推理则是无效的，因为它不能得出有效的结论。

在内容上，我们要秉承理性，以客观事实为依据，透过事物的表象，看清事实的本来面目。在此，我们应追求理性而非事物的合理性，明白事实独立于精神，保持怀疑的态度。

其次，要善于思考，通过证成或证伪揭示真相之间的相互联系，让真与真之间互为彼此的支持。面对权威对于真的解读时，我们应保证自己能够独立思考，注意权威所言的真是否超出客观世界的事物情况，或者权威是否跨领域进行解读，应用判断来确定真与假。

我们还应对直言判断、假言判断、联言判断、选言判断有一个较为清晰的认识，运用逻辑学知识，助力判断的可靠性与有效性。

最后，需要重点介绍的是，在判断时，我们对于事物的认知要一以贯之，切不可前后矛盾。

推理是由前提和结论两部分构成的思维活动，逻辑推理包括演绎、归纳、溯因三种方式，根据前提和结论之间是否有必然联系，又可分成必然推理和或然推理。

我们所熟知的三段论就属于演绎推理。这种推理形式是，由已知的一般性原理作为大前提，以所研究的个别或特殊情况作为小前提，通过演绎得出具体陈述或个别结论的过程。

在演绎推理中，要求大小前提必须为真，它的推理结论不可能超出前提所提供或断定的知识范围。另外，这种推理过程的前提和结论存在必然的联系，所以我们将这种推理叫作必然推理。

归纳推理则是由个别或特殊性为前提推出一般性结论的一种推理方式。它建立在反映事物本质的语言材料或思维材料的基础之上，是通过这些材料概括出它的特定形式结构的推理形式。

归纳推理不要求前提一定为真，推理的结论会超出前提提供或断定的知识范围。归纳推理中，除了完全归纳推理的前提与结论存在必然联系，其余推论的前提和结论呈现或然性的联系。也就是说，在前提为真的情况下，结论也有可能为假。

溯因推理最早由美国哲学家皮尔斯提出，他认为演绎推理因前提为真，结果一定为真，所以无法得到新的知识内容，而归纳推理虽然可以得到超越前提的知识内容，却因前提为真，结果不一定为真，也有弊端。所以，他开创性地提出了溯因推理。

溯因推理是推理到最佳解释的过程，是一种从给定证据中发现最佳解释的有关假说的一般性方法。

医生给病人看病的这一过程，可视为溯因推理的表现形式。

病人来到医院，见到医生，医生会结合病人的表现症状，依据自身的医学知识和诊断数据及经验，排除N种不合理状况，从而得出病人病症在何处、如何下药的最佳解释。

通过这个案例，我们可以看出溯因推理虽然力求严谨、正确，但是会受推理者知识背景、掌握情况、客观因素的影响，所以仍存在局限性，比如结论的可信性和合理性。

逻辑学三大定律：同一律、矛盾律、排中律

逻辑学是双方理性交流时能够顺利进行，并获得双方理解的必要前提条件，它追求从确定的前提得出确定的结论。我们对某一件事情下定的任何结论，都是按照我们固有的逻辑思维方式进行思考后的结果。

逻辑学三大定律——同一律、矛盾律、排中律，是构成逻辑学的基础部分。

你为什么跟太太吵架总也吵不赢？除了爱和包容，或者你在这件事情上本身就做得不对，其他绝大多数时候，你的逻辑思维是在遵循同一律，而太太却不是。你就事论事，只限在当下发生的事件中争论，希望让太太了解你是对的，而太太却不会跟你保持同一，她的思维是跳跃式行进的典范。她会避开当下这件事情，转而扯到1年前的另一件事上，然后再扯回3个月前发生的某件事情上。要是这招还不管用，太太就会扯到你不爱她的结论里。太太完全不会遵守同一律，她不会跟你就一个概念一直进行阐述，更不会一直围绕你们当下发生吵架事件这个主题进行论证。

作为逻辑学里的第一条定律，同一律是指在同一个概念的逻辑推理中要做到相同一致，不能混淆概念和偷换概念，更不能转移话

题。如果两个人在一件事情的讨论和认知上不能做到同一，这种讨论就是没有意义的，很难得出结果。

同一律的公式可以表述为：A就是A，或A=A。此时的A是一个概念或是判断。想要拥有同一思维，就必须在同一时空状态就同一思维对象的同一方面进行概念阐述，在确保内涵和外延保持同一性、一致性的同时进行判断和决定。

显然，夫妻吵架时，太太往往是那个混淆和偷换概念的高手，她们很善于转换话题。虽然你们处在同一时空中，但你们并非同一思维对象，也未能在同一方面进行同一思维。所以，吵架时太太总会赢，还会赢得你充满无奈却无话可说。因为，太太不是赢在你们发生争吵的这件事情上，而是以前她做对的那些事情上。

这就是为什么你永远没有办法跟一个不在同一律状态的人保持一致的思维状态，也是你跟一些人说话永远也说不通的原因所在。

同一律还表现在你对某一事件的肯定态度上，用我们较为通俗的话讲就是就事论事，不要东扯西扯。它可以有效保证思维的确定性。

矛盾律是指在同一确定的条件下，一个人若是给出自相矛盾的说法，那么这两个相互矛盾的说法是不可能同时成立的。你不能对这个说法表示肯定，又同时否定这种肯定。在肯定与否定中，在对与错之间，在是与非之间，在正与反之间，你只能二者选其一。逻辑学中有这样一条定理：逻辑矛盾蕴含一切。

矛盾律是说两个事不能同时都对，我们在对事件进行判断时，要遵从矛盾律。这件事情如果是肯定的，那么它就不能是否定的，矛盾律的公式是A≠非A。

比如，有人问你今天读书了吗，你的答案只有两种：一种是今天读书了，另一种是今天没有读书。你不可能今天读了书，又没有读书，这种情况是完全不可能存在的。

如果你非要违反矛盾律，做这样的回答，说你今天既读过书又没读过书，我们只能称其自相矛盾。

遵循矛盾律，通俗地讲，就是一个人的言与行不能自相矛盾。

对于这种不可能存在第三种情况的状态，我们称之为排中律。

在逻辑思维处在同一律的前提下，我们面对两个互相矛盾的思想和观念时，必须在对和错、正和反间选其一，不能对两个相互矛盾的思想和观念做出全都否定的选择。这就是说，我们在面对任何一个相互矛盾的命题时必须做出肯定，它要么为真，要么为假。排中律的作用在于保证思维的明确性，违反排中律的逻辑错误叫作“模棱两可”。

如果有人问你：“他今天读书了吗？”你说：“我不知道他今天是否读书了。”这就不违反排中律，因为我们在面对一个不知晓的答案时，给了别人一个明确的态度。虽然这个态度无法给出别人想要的答案，但是我们却没有违反排中律，仍然可以给别人留下逻辑思维正确的印象。

最后，我们需要明白的是，矛盾律和同一律普遍适用，排中律的适用没有中间状态。

逻辑三段论：大前提、小前提、结论

公元前4世纪的一天，明媚的阳光照耀在古希腊的大地上，和煦的微风吹过雅典柏拉图学院的校舍，一切都是如此之静美，除了那只被拔了毛的公鸡。

素有博学之称的亚里士多德望着一只被拔了毛的公鸡一言不发。

就在昨天，亚里士多德还试图向一位学生阐述什么是人。他的解释是，人就是无毛的两腿动物。现在，鸡身上的毛被拔了个干干净净，没有毛的鸡仍然是鸡，它不可能成为人，这是毋庸置疑的。

但是，人确实是没有毛的两腿动物，这个论述即使放在今天仍旧成立。那么，是什么让学生的逻辑思维出现偏差，或者说学生是如何在亚里士多德的表述中发现了他逻辑思维的漏洞所在，亚里士多德陷入沉沉的深思。

时光如梭，没有人知道当时的亚里士多德在想些什么。以上只是一个后人对于先贤浩瀚思想片段的猜想。

但是，从后来亚里士多德提出的三段论中，我们可以知晓这位先贤的伟大之处，在于他面对学生的质疑和反驳时，没有利用自身权威进行压制，而是通过质疑与反驳，弥补自己的不足之处。当他再次向逻辑学的更深层次探索时，他终于探究到了问题所在，逻辑学必须具备严谨性。如果没有严谨性做支撑，逻辑就不能被推理论证，它就是一个漏洞百出，不能称为逻辑的逻辑。

于是，传统逻辑学中最突出的代表之一“三段论”横空出世。

这一次，亚里士多德是这样陈述的：所有人终有一死；苏格拉底是人，所以苏格拉底会死。

亚里士多德对于苏格拉底会死的论证就是逻辑三段论，它结构严谨，完全经得起时光的考量，更经得起世人的推敲。

学术界对于三段论的定义：三段论是演绎推理中的一种简单推理判断，由包含一个共同项的两个性质命题作为前提，推出一个以性质命题为结论的推理形式。

大而化简，繁而化简，三段论其实就是由大前提、小前提、结论组成的推理判断。

在上面的案例中，所有人终有一死就是这个推理的大前提，而苏格拉底是人，是这个推理的小前提，苏格拉底会死则是这个推理的结论。

在这里，有一点是不能忽视的，那就是大前提和小前提中必须包含共同项，如果没有共同项，两个前提是不能相互佐证、引申出结论的。

你不能这样说：所有人终有一死；苏格拉底书读得好，所以苏格拉底会死。

苏格拉底会死的最终原因是他作为一个生命体，死亡是不可避免的结果，他的死亡与书读得好坏并没有必然联系。

在上面的案例中，人是命题里的共同项，死亡和苏格拉底是两个性质命题，所以才能最终得出以命题之一苏格拉底最终会死为结论的推理。

三段论之所以称为三段论，是因为它是由三个概念，也就是我们常说的大、中、小三个项组成的。这三段论里，三个项不能少，也不能多。而且，这三个项会分别出现两次，在所有人终有一死中，人、苏格拉底、死分别出现了两次。

那么，什么是大项，什么是小项，什么又是中项呢？

大项是结论中的谓项，小项则是结论中的主项。这一点尤其需要谨记，因为不是所有的三段论都会像上述案例那样简单明了。

知道了大小项，剩下的那个就是中项了。首先需要说明的是，这里的中是中介、连接的意思。

如果你仍旧不清楚什么是大前提，什么是小前提，一定要记得，包含大项的前提命题是大前提，包含小项的那个前提命题叫小前提。

仍旧拿“人终有一死；苏格拉底是人，所以苏格拉底会死”来做说明。“所以苏格拉底会死”是这段论述的结论，苏格拉底作为结论的主项，包含在上述条件——“苏格拉底是人”里面，所以“苏格拉底是人”是三段论的小前提。死是结论的谓项，包含在所有人都会死中，所以第一条论述的前提“所有人都会死”，就是三段论里的大前提。

还需注意的是，中项在前提中至少要周延一次。中项周延是指中项的全部必须与大、小前提有关联。它起着联结大、小前提的作用，也制约着大、小前提的关系，从而必然地得出结论。

由于三段论的前提蕴含着结论，不能在前提中周延的项，在结论中也不得周延。

比如说：苏格拉底很有学识；苏格拉底是古希腊人，所以古希腊人很有学问。

在这里，古希腊人就是前提中不周延的项，苏格拉底只是古希腊的一个人，他不能代表全部古希腊人，在结论中虽然仍旧说是古希腊人，可是这里的人却是指全体古希腊人，这样的话，古希腊人在结论中就周延了，所以这个推论不能成立。

另外，在两个否定的前提里是不能得出结论的，因为在两个完全呈现否定的前提里，不会存在相关联的必然联系。

在所有可以成立的三段论中，小前提一定包含在大前提中，它们不能是两个无关联或是平行相向的前提，只有这样，才能论证出最后的结论。

亚里士多德宣称所有正确的证明都能用三段论形式表达，但是没有给出证明！相信，这个证明是需要更多喜欢逻辑学的后人用亲身实践来证明的。

辩证逻辑的三板斧：正、反、合

“辩证”一词源于古希腊，在那时的含义和体现是，作为对话、交谈、交流的两方，在面对各种纠纷、争执等不同意见出现对立时，通过争论、辩论的方法，让事物的真相显示出来。双方通过不停、不断的追问和辩驳，使不恰当、不合理的意见自行解体。

辩证是追寻真理的过程，是在对立中间显露真理的方法。

随着时间的不断流逝，哲学、思想史上的巅峰人物黑格尔出现了。

黑格尔建立了逻辑史上第一个全面而系统的辩证逻辑体系，此时黑格尔对于辩证的认知有了极大提升。在黑格尔之前，人们认为真理是静止的，它待在那里，期待我们去发现、寻找，他们认为事物非正即反。

才高八斗的黑格尔在研究问题时发现这个想法是有漏洞的，他认为世界上的一切都是在不断变化的，一个理论（我们暂且把这个理论叫正题）出现后，必然会出现反对这个理论的反方（我们暂且把这个理论叫反题）。当两种理论相摩擦、冲突后，又会在两种截然不同的理论间生出一个全新的理论（我们暂且把这个理论称为合题）。

这个全新的理论之所以被称为合题，是因为它既包含正题里的论点，也包含反题里的论点，它是正反结合形成的新论点。

这个全新的理论，接下来会往返循环这一过程，继而催生出一个全新的反方理论，然后与之产生摩擦、冲突后，再次催生出一个与之前完全不同的理论。世界就如此这般地周而复始，生生不息，循环往复。

听起来，挺像我们的《周易》，辩证逻辑的正反合和《周易》中所表述的阴阳相生、物性共存、同假同真的两仪关系有着极大的相似之处。

黑格尔最大的突破在于，他认为辩证法不只存在于理论的发展中，也存在于世间万物、万象之中。它突破了以前逻辑学的固有认知，那就是事物是不能自我矛盾的，一个事物自我矛盾是存在问题的。如果一个理论和事物间存在矛盾，这个理论和事物就有可能是错的。黑格尔不这样认为，他认为万事万物全部含有矛盾，新事物正是在矛盾的不断摩擦、碰撞中催生出来的。在他的认知中，辩证就是逻辑不断展开、事物不断生长的过程。

想要弄清辩证逻辑的正反合，我们首先要理解“所有规定性中天然带着否定性”的含义。它的意思是说，所有事物一旦出现，必然自带否定，也就是我们常说的矛盾面。

辩证逻辑的正与反，就是事物的矛盾面。所有事物的矛盾都是统一体，是互存共生的，有正必有反，有反才有正，两者既存在统一性，又存在斗争性。他认为所有事物会从有向无过渡，反过来又会从无向有延伸。从无向有的这个变化，我们称之为生成；从有向无的这个变化，我们称之为消亡。两者相互转换，从而催生出新的事物发展成立，这就是我们所说的合题，合题是绝对，是变易。

我们来举例说明何谓正、反、合。

比如，一个人思想不断成长的过程，就可以用辩证逻辑的三板斧——正、反、合来勾勒、描述和解释。

一个人原来具备的某种思想（我们称为正题），在生活中并不能解决他所遇到的问题（我们称为反题），这种情况不得不引起我们的深入思考。我们必须想办法解决问题，在基于原有思想的基础上，又纳入新方法和思想，终于想到了解决问题的方法（我们称为合题）。此时，我们的思想因为这种碰撞变得更趋成熟。

在这里，需要注意的是，黑格尔认为万事万物都存在变化，其实有点儿牵强。

既然所有的事物都存在变化，为什么黑格尔提出的正、反、合的辩证规律却能一成不变地周而往复呢?

在黑格尔之后，辩证逻辑被他的学生马克思再次发扬光大。

马克思对黑格尔的物质世界处于普遍联系和运动发展之中，对立统一、质量互变和否定之否定是物质世界联系与发展遵循的三个基本规律的观点是认同的，但是他与黑格尔的不同在于，马克思认为决定历史的是物质，是生产力，而不是黑格尔认为的“绝对精神”。

马克思不认同万物都存在不断变化这一过程，他认为历史是有局限性的。

基于这个思想，我们可以把上述人思想成熟的案例做这样一个假设，那就是受制于局限性，人的思想也可能不发生变化。

他和黑格尔的不同点还在于，黑格尔认为世界是自然而变化的产物，马克思却主张，生活在世界上的个人，应该认清历史发展规律，去顺应历史，加速帮助历史去发展。

在黑格尔的主张中，人是被动性地变化的，在一步步地进步和发展，而在马克思的主张里，人具有主动性，是在追寻变化而变化。

不论两个人的思想有什么不同，辩证逻辑的三板斧——正、反、合依旧适用。可以说，辩证逻辑的三板斧——正、反、合，是人类逻辑思想史上高峰的存在。

汉布林对论证的三个评价标准

汉布林是澳大利亚的逻辑学家、数学家和计算机科学家。他的形象超越了我们对于学者这一形象的普遍认知范畴。在第二次世界大战期间，他曾担任澳大利亚皇家空军雷达指挥官。20世纪60年代对于汉布林的学术研究来说是个分水岭，在60年代之前，他主攻方向为计算机科学及人工智能的研究，从60年代开始则把大量的时间投入哲学和论辩理论的研究上。

汉布林提出的对论证的三个评价标准，也超越了历史以往哲学、逻辑学家论证时采用的“真值标准”和“认知标准”。

汉布林发现，传统论证理论过多依赖形式推理，太过注重论证结构的形式有效性，而忽略论证前提对于论证结论的支持程度，这就使得论证的评估标准太过倾向于有效性。然而，有效论证并不能代表论证的全部，反而会将论证推向唯演绎主义。汉布林认为，好的论证并非都是有效论证，如果采用单一的有效性为标准规范所有的论证，势必会使得评估理论和论证实际相脱离。因而，汉布林提出了论证评价的三条标准：真理标准、认识标准、辩证标准。

真理标准是指论证前提必须为真，论证要符合有效的推理形式；

认知标准是指论证前提必须被知道是真的，结论是由被知道的前提清楚推出的；论辩标准是指论证前提必须被“接受”，论证过程必须被论证双方“接受”。

汉布林认为真理标准必须满足以下四条规则：第一，前提必须为真；第二，结论必须被前提所蕴含；第三，结论必须从前提合理直接得出；第四，如果有些前提未被表述，它们必须是明确可以省略的。

汉布林规定的四条规则中的前两条，与传统的形式演绎逻辑要求是不谋而合的。他认为我们需要否定一个有效的论证可能建立在前提完全为假以及结论为假的基础之上，论证的前提必须为真，用假的前提得出假的结论，是对论证的歪曲，完全违背了论证求真的目的。第三条结论必须从前提合理直接得出，是为了区分证明和论证，希望人们不要把证明当成论证，因为证明从一定程度上代表了论证的有效性，而汉布林一直认为有效论证不能代表全部的论证。第四条则是为了避免当一个论证的前提不能完全表述出来时，论证的接受者提供错误的前提或者不提供这些被忽略的前提，宣称该论证有缺陷，是不能成立或无效的论证。

真理标准特别注重前提和结论的蕴含关系，也是为了表达汉布林所认为的，只要前提真且论证形式有效，这条论证就是好的论证。

在认知标准中，汉布林特别强调论证的前提必须被知道是真的，结论是由被知道的前提清楚推导出的。

汉布林认为，如果没有人知道前提是否为真，那么，这个论证则会变得无用。即使人们勉强接受了这个论证，也会因论证的前提不知为真而质疑整个论证。汉布林认为只要被知道为真，并且在此背景下被认为理所当然的，任何前提都是可以省略的。这里，我们需要注意的是，由于前提必须加以陈述，所以即使知道一个前提为真，并不足以完全允许将其省略，因为汉布林认为的省略和在陈述中省略其前提是两个完全不同的概念。这里，我们需要重点加以区分。

当在一个论证中，前提为真并不足够充分时，可以用相应的认知标准替换真理标准。

1. 前提必须被知道为真。

2. 结论必须明显地是从前提推出的。

3. 那些未陈述的理由应该是理所应当存在的。

4. 结论必须是这样，在缺少论证的情况下，它将是可疑的。

在这里，我们可以看到，由于认知标准强调了真是必须被知道的，所以这时的论证已经不再是纯理论上的论证了，它开始向实践转变。

虽然汉布林认为真理标准太强，认识标准又强于真理标准，但是前提被知道这一项在现实生活中是很难做到的。

在真理标准和认知标准的基础上，汉布林又提出了论辩标准，这个标准是以“接受”为核心，不使用“真的”“有效的”或“知道(它蕴含真)”来表述规则。其标准如下：

1. 前提必须被接受。

2. 从前提到结论的过程必须被接受。

3. 未言明的前提必须是可以被接受为可省略的那种前提。

4. 在缺少论证的情况下，结论将不被接受。

在辩证标准里，“接受”是构成论证的核心内容。在此刻，以辩证标准为核心的论证方式让论证真正迈入实践。

汉布林认为，从一个“可接受”的前提出发，并且基于可以接受的推理过程得到的论证，在真理意义上，或许是好的，也或许是不好的。但就与逻辑原则的实际应用存在密切联系的意义上，它一定是一个好的论证。

“可接受”使得认证更加能照顾到论证主体的主观感受。虽然这个论证的结果可能不是有效形式（也许是不好的），但这个结果肯定是大家都认可的。从这一方面来说，汉布林的辩论标准使得论证更容易被大家接受。

在具体的论证实践中，人们更倾向于使用辩证标准，用“可接受”来建构和评估论证，至于论证的真或假，则成为人们极易忽略的那部分。

就真理标准、认知标准、辩证标准三者的关系而言，有学者认为三者是相辅相成的，相互兼容，互为补充，各自都有特定适用的地方；也有人认为汉布林反对真理标准和认知标准，为辩证标准辩护。

诚然，在实际论证中，论证结果应该是被大家接受并认可的，但真理标准和认知标准受论证者自身所具备“知识”的有限性和大家对于认证内容认知情况等因素的影响，很难突破真理标准和认知标准自身具备的局限性，而辩论标准中的“可接受”恰好能够解决这些问题。

汉布林本人也明确表示，他反对真理标准和认知标准被论辩标准所替代。

最后，需要说明的是，汉布林关于论证的三个评价标准建立在回答什么是谬误这一问题的基础之上，是对汉布林谬误理论在理论层面的支持。

罗素的人生逻辑：三大情感

出生于英国贵族家庭的罗素，一生颇具传奇色彩。他在哲学、数学、逻辑学、历史学、文学等方面颇有建树。

1950年，罗素因《婚姻与道德》荣获诺贝尔文学奖。虽然是文学奖，但罗素得奖的原因却是“哲学作品对人类道德文化做出的贡献”。当然，罗素本人的情史与这部作品呈现的内容是有悖传统文化对婚姻秉承的态度的。这种现象的产生，跟罗素质疑从小抚养他长大的祖母信奉的基督教这一道德基础有着直接关系。

质疑、思考、否定、结论，是逻辑思维的开端。

罗素认为，既然是上帝创造了一切，那么，是谁创造了上帝呢？上帝在他的思考中不再是第一因的存在。

面对许多无法解决的现象与问题，罗素进入更深层次的思考，那就是对于哲学的态度应同于科学的严谨，逻辑应立足经验，不能独断，逻辑证实主义由此诞生。

这里需要重点介绍的是，罗素认为能够得到经验证实的命题就是可以证实的命题，这些可以证实的命题为真。当然，还有些真的命题无法用个人的经验来证实。所以，“真”不等同于“证实”，而是一个比“证实”更为宽泛的概念。

然而，罗素虽然质疑祖母所信奉的道德基础，自己却在潜移默化中信奉了祖母“不可随众行恶”的道德基础。不随众是拥有独立、自主的逻辑思考能力，与恶相反的自然是善，向善，让爱统一规范道德，就是罗素的道德信念。

晚年的罗素钟情于和平，他的一生曾因反战和反核两度入狱。

罗素在90岁高龄时出版了《罗素自传》。90岁的罗素回望自己的一生，以极其理性的态度，用亲民、平实的笔触，运用逻辑剖析了推动、左右自己一生的三大情感：对爱的渴望、对知识的探索和对人类苦难难以忍受的怜悯。

这三大情感，就是罗素所秉承的人生逻辑。

结合罗素因反战、反核入狱的事实，他对人类苦难难以忍受的怜悯并不是一句空谈。

对爱的渴望跟罗素孤独、不甚幸福的童年有着密切的关联。罗素自幼便失去父母，虽然他的祖父两度担任英国首相，但不幸的是，祖父在罗素很小的时候也去世了，祖孙二人的交往并不多。

罗素是被祖母抚养长大的，祖母极其重视对罗素的教育，且十分严格。这让罗素十分苦恼。为此，十几岁的罗素采用希腊语写日记，就是为了自己的所思、所想不被别人发现。

爱，且渴望被爱。罗素在谈及自己对于爱的追求的目的时，做出以下三点归纳。

一是为了得到一种让人生愉悦的快乐，这种快乐的高度不是我们普通认知下的快乐，而是一种让人心醉神迷的狂喜之乐，是无以复加的极乐之感。

二是为了解除孤寂。诚然，罗素的一生颇为孤寂，这源于天才在世间的孤独。那种思想高地上的孤独与寂寞，来源于探求生命本源时本体无所诉说、陷入迷惘却得不到助力时的无奈与高处不胜寒。

三是在爱的交融一体中寻得“天堂”的样子。

罗素一生对知识探求的脚步从未停止，他对知识的范围和限度做出明确的区分。

罗素认为关于真命题的知识可以归纳为“真理的知识”，那些直接接触的知识则可以归纳为“事物知识”。

就事物知识而言，罗素根据知识的来源或获得途径又做出两类区分。

罗素把个人直接感知和经验到的知识，诸如思想、情感、愿望等提供的材料，或是记忆中通过直接感知和经验到的知识，统称为“亲知的知识”。通过描述对象的属性来理解描述对象的间接知识，统称为“描述的知识”，诸如我们通过书本学习某人的思想和论述。

根据知识的性质或证成依据，罗素对知识进行了“原始的知识”和“派生的知识”的区分。“原始的知识”是亲知对象或直观获得的知识，因此是不可错的；“派生知识”则是通过反思、演绎构建或推导出的知识，存在不确定性，是可疑和易错的。

罗素对知识的细致划分，是想为人类寻求知识奠定尽可能坚实的基础。

罗素在追求知识时十分理性，他认为当一个人断定某一物理对象、其自我和存在及它们拥有或自以为拥有的那些性质或关系时，会因为不同人拥有的不同视角而获得不尽相同的证据，而产生可能错误的判断。

在追求知识的道路上，罗素穷其一生都在进行艰苦探索，他在学术界的成就可以说是非常巨大。求知给他带来了前所未有的快感，这种快感是攀登学术高峰后产生的极致感觉。当然，随着罗素在学术上的成就愈来愈高，这种快感渐渐变为沮丧，因为他发现，他所获得的知识，包括整个现代科学，并非如同我们想象般牢固而坚实。

他最著名的“逻辑原子主义”就遭到过许多学者的质疑，人们对于这一学说发起诸多讨论，这些讨论又对“逻辑原子主义”不利。

在上文，我们已经了解到罗素曾因反战、反核两次入狱，但却很少有人细数罗素一生经历过多少战争。一战、二战、冷战和越南战争这些堆积着生命的战争，罗素都经历过。或许是他见了太多血淋淋的战争场面，他在冷战最为激烈、西方把反共当成政治正确的时刻，依旧为核裁军而奔走，创立非暴力反抗运动百人委员会；曾寄信给爱因斯坦，并与之发表联合宣言；广泛征集各国在学术界享有盛名的科学家签名，开会商讨应对原子武器给世界可能造成的危机，此会议逐渐演变为《维也纳宣言》。

他与法国哲学家萨特成立了“罗素法庭”，揭露美国在越南战争中的罪行。

正是他对人类苦难难以忍受的怜悯给了他勇气和动力，让他为和平奔走。

至此，我们大致梳理了罗素人生逻辑的三大情感，这有助于加深我们对罗素的认知，也有助于我们对逻辑学有进一步的认知。当然，这也能帮助我们略窥哲学的本质，因为在罗素看来，逻辑是哲学的本质。1914年，罗素在哈佛大学做了8次系列讲演，第二次讲演的题目就是“逻辑是哲学的本质”。

>>> 第四章

生活中的逻辑学

迷信的逻辑

据说有一位算卦先生每卦必验，在十里八乡很是出名。

一天，三位赶考的秀才经过此地，天已黑尽，无法再赶路的三人只好找了一间客店住下。晚饭时，三个秀才为去京城赶考的事情议论起来。这三个人都想高中头名状元，可是没上考场，榜单未发之前，谁也无法知晓考试结果。

店主听到秀才们的谈论后，就极力推荐三位秀才去那位算卦先生那里算上一卦。三人将信将疑，想想也不费什么工夫，于是就去了。

那位算卦先生听闻来意，先是装模作样地算了一通，然后伸出一根手指，三位秀才虽才高八斗，但仍旧没有懂是什么意思，于是一同问道，这是什么意思？算卦先生捋了捋他那稀疏的山羊胡须，只道卦已解，然不可说透，这叫天机不可泄也。

三位秀才走后，这位算卦先生的媳妇从里间走出，笑着说你又糊弄人呢？

一根手指意味数字一，可以是一人得中头名，也可以是三个人一人也没得中，也可以是三人中两人得中，唯剩一人不中。总而言之，不论三个人中或没中，算卦先生的卦都是准的。

为什么会这样？这其中的逻辑又是什么？仅仅是对概念的模糊

和混淆吗？

当然，迷信之所以到目前还得以在很多人的心中拥有不灭的魔力，是因为人生中的许多事情存在不确定性。如果你想在不确定中推出一个确定的结论，这是完全不可能的。在这些不确定中，只有一件事情是确定的，那就是这件事情的结果，因为不论一件事情最终会出现什么样的结果，也不论结果的好与坏，它一定是存在的。

算卦先生给了秀才一个结果，但是这个结果却不清晰，存在模糊性。但凡这个结果的多种模糊概念能和实际结果有一个同一性存在，这个卦就是灵验的、准确的。

回到故事中，算卦先生对媳妇说，这哪里是糊弄人，这是智慧呢。

媳妇又笑道，你每次总有理，上次人家问你，他家弟兄三人，他排行老几，你伸出三个手指头，又蜷回去两个，最后只伸了一根手指，不就是用的这个法子吗？

算卦先生笑道，说你不懂，你就是不懂，要是算卦这么简单，那人人不都会了吗？

我先伸出三个手指，那人不语，一脸得意不屑，我就知，他不是老三，于是便蜷回一根手指，本想他要是还不认账，我就咬定他是老二，因为我蜷回去的才是正确答案。他家总共弟兄三个，他跑到天边，也只能是这三个答案中的一个。

这种用模糊概念寻找结果的同一性，便是很多算卦先生遵循的逻辑方法。

当然，这种逻辑方法是不正确的，是对逻辑学的误读，但是对于许多求卦者却屡试不爽。

一些人对于迷信深信不疑，不是因为迷信能够预知未来，而是被引导，用事件最终的正确结果，在一堆可能出现的结果中找寻到正确的结果，从而坚信这个结果就是预知的。

斯金纳认为：迷信就是行为与强化物之间因偶然建立的联系而产生或持续的一种行为。

不论是秀才们赶考中或是不中，还是谁能中，抑或是那位求卦的男人排行老几，其实都存在于客观规律中：秀才赶考的结果无非就是中或不中，男人排行老几无非就是弟兄三个的老大、老二或老三。这种客观规律是不以人的意志为转移的客观存在，是一种必然的结果。

算卦先生之所以被人们认为灵验，是因为他的思维逻辑要高于普通人的意识。

除此之外，迷信之所以历经千年，在不同的民族和种族中都有生存的空间，最大的原因还在于，世界上的许多事情，我们知道了结果，却没有办法寻出来由。这对于个人来说，简直是最大的逻辑思维障碍，因为逻辑本身就是事件的因果规律。一件事情你连因都找不到，何谈规律？

茫然无所知，便会引出一连串的焦虑、迷茫、疑惑与不解，人之所以称为人，是因为有智慧，有思维，急切想明白事件的因果规律。在没有相应科学发现和技术作为支撑的时候，受人类社会实践发展的限制，人们没有办法从以往的经验和认识中，用理论的思维去解释、推理、论证这一切。这种情况让人们无限痛苦，恰好此时迷信出现了，它就在此时充当论证的“假设条件”，为你创造了一个让结果成立的前提。

比如，一个人要买房子，可是手里的钱有限，他买不起新房子，只能买一个老旧的小户型。这个房子的地段也不好，是哪哪都不合心意，但迫于没有钱，他只能将就。却不想，2年后，这个地方因商业开发拆迁了，补偿政策特别好，他一下子就得了一笔买大房子的钱。于是，他全款买了一套大房子。然而，新邻居竟然是原来卖给他老破小的那户人家。与他全款买房不同的是，2年前，邻居卖了老破小，付了首付搬了过来，至今每月还须还房贷。

这种偶然因素构成的现实现象，是个人无法解释的，但是迷信却可以，它会说“时也，运也，命也”，一句话就是人家命里有，你命里没有。也就是说，人家有构成结果的前提，而你却没有。

这种既不追求概念的明确和准确性，又不注重推理论证的严谨与严格，而是单凭主体的思维逻辑，用唯心主义的思维方式，直接地、整体地把握事物，就是迷信的逻辑所在，是不正确的。

如果这个偶然间当了拆迁户的人在拆迁之前因为生活困顿进行了祈求和祷告，然后他的房子被拆迁了，他一下子换了一套以前想也不敢想的大房子，自然而然会把事情的因果归功于他的祈祷。

恩格斯对此一针见血地指出：“没有理论思维，就会连两件自然的事实也联系不起来，或者连二者之间存在的联系都无法了解。”

由此可见，理性思维逻辑的弱化，仅凭经验主义、唯心主义，是走向迷信的根源。

概念逻辑的“末日”：偷换、混淆、模糊

一天，你去早餐店吃早点，跟服务员说来碗粥，服务员问你吃什么粥，你说粥就行。不一会儿，粥上来了，味道很不错，让你饥饿空虚的胃得到极大的满足，直到你在粥里吃到了海参，这时你才意识到，早晨的这一碗粥可能把你一天的伙食费都吃光了。结账时，果不其然，这一碗粥的标价高达88元，而且还是折后价。

此时你能怎么样？只能付账。这不怪早餐店的服务员，服务员问你吃哪种粥，你却只给了人家一个模糊的概念。店家为了利益最大化，给你上了一碗他们店里最贵的粥，这也无可厚非。

此时，你突然醒悟，昨天跟女朋友逛街，她为什么要跟你闹情绪。

女朋友试了三四件衣服，每次从试衣间出来都会问你，好看吗？你也非常诚实地回答好看，一秒钟都没有耽误。然而，即使这样，女朋友仍旧不满意，说你敷衍她。你当时觉得女朋友很情绪化，有点儿不讲理。毕竟，你为了让女朋友高兴，把这三四件衣服都打包买了回来，而女朋友却一点儿也不领情，直言你不会过日子。

如果当时你能给女朋友一个更为清楚、准确的关于好看的概念，而不是一味模糊、笼统地说好看，她就不会说你敷衍了。

模糊性在人类的思维逻辑和客观事物认知中具有普遍性，我们

通常认为模糊囊括了概念的内涵和外延，使前提的适用性更为广泛。然而，事实是，模糊性的概念让对方不知所以。它打破了人们就同一事物应具备的逻辑思维同一性，让两个人的逻辑思维在完全不同的方向上奔行。

吃过早点，你该上班了。公交车上，摸着自己瘪瘪的钱包，你寻思着，是不是应该跟老板提一提涨薪水的问题了，毕竟就算你今天没有吃这碗88元的海参粥，昨天也没有为女朋友买新衣服，你的工资也很难应付接下来即将步入婚姻殿堂的家庭生活，何况前几天你还为公司争取到一个大项目。

来到公司，你趁中午休息的时间，好不容易鼓足勇气跟老板说明来意。只见老板微微一笑拍了拍你的肩膀说道："年轻人，我们对价值的定义要更为宽泛一些。你看，你来公司这几年，能力得到很大提升，公司年初还给了你外出学习的名额，这些都是你的个人价值体现。"你刚想反驳点什么，老板又拍了拍你的肩膀说："年轻人，咱们公司的总体薪酬在行业内可是数一数二的哟！"

好吧！你晕乎乎地从老板办公室走出来后，被一缕清风吹醒了，这时你发现老板完全是在用偷换概念的方式来应对你的诉求。

老板明明知道，你在跟他谈报酬，他却把报酬这种可以体现价值形态的方式替换成价值在跟你谈，这就是偷换概念。由于你们俩从一开始就未能在概念上达成同一性，所以对于这次涨薪的要求，你们只能不欢而散。

所谓偷换概念，是指在思维和论辩过程中，出于自觉或不自觉的原因，违反了在逻辑思维中需要遵循同一律的逻辑要求，用一个概念去替换另一个概念而产生的逻辑错误。

偷换概念的主要表现形式有很多。

1. 篡改概念本来想要表述的内涵和外延，让其变成另外一个概念。

2. 利用词语本身具有的多种含义，可以表达不同概念的特点，混淆不同的概念。

3. 紧紧抓住概念的某些相似之处，却忽略和抹杀其本质区别。

4. 混淆集合概念和非集合概念。

对于前三种偷换概念的形式，大家都能一目了然，到了第四种混淆集合概念和非集合概念就让很多人难以理解了。

其实，老板所说的公司的总体薪酬在行业内很高，就是集合概念。我们需要注意的是，总体薪酬很高，并不代表个人薪酬很高，个人薪酬在这里是一个非集合概念。当这两种概念相互混淆时，就出现了概念的混乱。

当你想明白这一切时，天已经黑了。

你突然想起来，几天前自己和几个要好的哥们儿约好今晚聚餐，你匆忙来到早就约定的饭店，此时朋友都已落座，就等你了。一时间，把酒言欢，好不热闹。

餐毕，大家不约而同地要求你去结账，理由一是你来晚了，必须得罚；二是你们公司的工资水准是出了名的高，所以你请。

一时间，你觉得自己特别委屈，自己的收入明明不高，不能因为自己待的公司总体工资水平高，自己就莫名其妙地被当成高收入人群吧！

值得注意的是，同样是混淆集合概念和非集合概念，此时朋友们的逻辑思维却犯了混淆概念的错误，并非和老板一样是在偷换概念。

生活中，很多时候，我们对于混淆概念和偷换概念分得并不十分清楚。在这里，我们需要记住，混淆概念是无意识地把两个不同的概念混淆，而偷换概念是指，有意识地替换两个完全不同的概念。

偷换、混淆、模糊概念的行为，是我们在逻辑思维中常会犯的错误，它们简直是概念逻辑的末日。特别是混淆、模糊概念的行为，常常被人们认为是无理取闹的诡辩。

在逻辑思维中，当我们偷换、混淆、模糊概念时，也就意味着我们从一开始就进入了一个错误的、完全不同于原有概念的认知中。这就好比语文教师给你布置了一堆语文作业，而你却写了一本数学练习题。你虽然很努力地在写作业，可是仍旧被列为不按时完成作业的同学之列。

逻辑所代表的规律、原理和规则，一定是在同一概念下。只有正确而精准的概念，才能推理出具有理性的正确结论。

强用、乱用概念的人真不少

概念是什么？

概念是组成逻辑学的基本要素，是逻辑学的开始，是反映所要表述对象特有属性的一种思维方式。我们可以把概念认定为一种定义，它在人类思维中扮演的角色，既是表达的需要，也是辅助理解的需要。

概念由内涵和外延两部分构成。所谓内涵，是指所反映事物的本质属性，也就是说，我们所要反映的事物是什么；外延则通常用于表述其数量和范围。

基于概念在逻辑思维中的重要性，对于概念的使用，我们必须审慎。然而，在现实生活中，概念被乱用、强用的现象却屡屡发生。

如果你买过房子，或正准备买房子，你对于开发商宣传的生态住宅一定不陌生。

被开发商极力宣传的绿色生态、健康生态小区到底是一个什么样的小区呢？这里的房子有什么特别之处呢？

当我们询问售楼部的工作人员时，对方通常会给你一个“我们小区的绿化面积大、绿植覆盖率高”的答案。绿色和生态确实是相辅相依的，但是仅仅多栽几棵树就被标以“生态”的噱头难免让人感到牵强。翻出国家出台的生态小区评定方法，你会看到绿色生态小区的标准非常严格，在绿地面积、人均绿地面积、植物多样性、环保、节能等方面都有非常详尽的规范。

恍然大悟间，你是不是有了被忽悠的感觉。刚才还觉得挺值的房价，此刻在心里打了鼓，觉得还有下调的空间；刚萌生的在此购房的念头，此刻竟被冲淡了不少，心想应该再多转几家，这家在"生态"上忽悠，会不会在别的方面也忽悠呢？小区的建筑质量、开发商的信誉是否有保障？此时都成了疑问。

小区没有相应配套的设施，却硬是标榜上"生态"的概念，原本是为了赋予钢筋水泥的建筑更多绿色、健康的意义，却不想成为售卖双方的沟通障碍。这就是强用概念的副作用。

强用生态概念，有商家逐利的因素，但更为重要的是，生态概念由于时间跨度和行业跨度过长、过大，一些人对其的理解基础不完全。商家正是利用这一特点，才会毫无顾忌地强行使用。也是基于这一特点，概念具有了模糊性，很难让交流双方对此概念取得一致的理解，从而制约了交流的有效性和自然性。由此可见，强用概念并没有让商家受益，反而成为制约、束缚交流的障碍。

小区被标注生态的概念虽然牵强，多少还有点儿沾边，另一案例则是乱用概念的典范。

打开手机，"量子速读，不转不是中国人"的标题吸引了你的目光。哇，是中国在量子科学技术领域上有了新突破吗？于是，你赶快点开标题，发现通篇文章都是小朋友在快速拨弄书本，说是这样可以形成量子波动，从而达到快速记忆的目的。虽然自己的物理水平不怎么好，可是仍旧有种被收了智商税的感觉。

这已经不是人们第一次被乱用量子概念戏弄了，如量子鞋垫、量子项链、量子眼镜、量子手机。量子概念在人为作用下，被迫跟一堆产品组合成亲，弄得一批物理学家不得不一次次站出来，给广大群众进行一次又一次的科普。

针对量子概念的乱用,2019年，由撒贝宁主持在央视播出的《开讲啦》，就特地邀请了中国科学院院士、中国科学院量子信息重点实验室主任郭光灿，再次进行一系列的科普。

这并没有消减量子概念被部分人和企业乱用的社会现象。因量子概念乱用引起的一系列违规、违法、虚假宣传与营销欺诈行为，让各地的市场监管部门不得不采取立案查处的方式治理行业乱象。

乱用概念，比起强用概念，危害一点儿也不弱。乱用概念，不仅仅是让双方的交流变得毫无价值可言，也不再是有可能产生荒唐的谬误，而是已经触动法律的准绳，成为违法、犯法的依据。由此可见，乱用、强用概念，一味模仿他人的定义，既是对他人的不负责任，也是对自己行为的放纵。

当我们需要使用概念的时候，有必要审慎思考，是否对此概念有着充分、客观的认知，对于此概念的表达方式是否理性、有效，是否充分考虑到对方的理解习惯。这是传达逻辑思维的先决条件。当我们对概念有了精确的认知，必须有严格的语言组织为依托，方能成功、有效传达我们的逻辑思维。

阐述概念时，我们需要注意的是，概念具有集合概念和非集合概念的区别。

集合概念表达和阐述的是集合体的概念，非集合概念则是非集合体的概念。所谓集合体，是由很多同类个体组成的不能分割的统一体，比如说鲁迅全集，再比如说工人阶级，这都是集合概念。你不能说《呐喊》是鲁迅全集，它只是鲁迅全集的一部分。同理，工人构成工人阶级，你不能说某人就是工人阶级。非集合概念，是由若干个分子、小类组成的。比如说工厂就是非集合体概念，一般来说，在非集合体概念前，我们一般可以加一个、一座、一件之类的量词，其本质意义不受改变。例如，你可说一家工厂，但你不能说一个工人阶级。

当然，在一些特定时刻，一个词语会兼具集合与非集合的特性。诸如：书是人类思想的源泉，《呐喊》是一本反映当时民众思想的书。书在前一句里是集合概念，而在后一句中则是非集合概念。

对概念的集合与非集合性有了一定的认知，也有助于我们清晰、准确地使用概念，在一定程度上避免概念被强用、乱用。

人类的逻辑思维具有严密性和连续性，正确阐述概念是维持逻辑思维这一特性的有效方法，你千万不要成为强用、乱用概念的那个人。

可怕的因果倒置

有因必有果，有果必有因，原因和结果总是相互影响、互为共存。原因一旦变化，必然会引起结果的变化；结果的改变，总是由原因改变引起的。但是，因果联系又是复杂多样的，有时候是“一因一果”，有时候则是“多因一果”。因果关系在时空上相互接近，具有共存、共变的性质，如影随形。在这种恒常变化中，如果我们分不清是谁引起了谁，又是谁在跟随，就特别容易犯因果倒置的错误。

什么叫因果倒置，就是把因看成果，把果当成因后产生的谬误。这里需要重点注意的是，引起某种现象的现象就是原因，被某种现象引起的现象就是结果。

在公司，常会看到这种现象，领导通常会特别器重某个员工。我们认为，由于领导器重，他们才能得到更好的资源、更好的协助，拥有更大的话语权，才能进入职业的快速上升期，从一位普通职员跃升为某个部门或项目的负责人。

其实，在这个案例中，受领导器重是果并非因。他受领导器重的原因是他勤奋、踏实、能力强。他之所以能拿到更好的资源，别人愿意听他的，愿意协助他，都是他勤奋、踏实、能力强的表现，是别人对他能力的认可。可是，当人们的逻辑思维出现因果倒置后，把他的成功归结为受领导器重，并非个人能力时，我们就会犯下一叶障目的错误，从而完全忽略这位员工出色的个人能力。

那么，此时傲慢和偏见就不可避免地充斥于我们的内心。如此一来，我们更加不会意识到自己和他人的差距所在，把本来该用在提升个人能力的时间和精力全都耗费在无谓的不满和不屑中，粗暴地认为这位员工的晋升是受领导器重的偶然原因，并不认同能力出众才能受到领导器重，最终才能成功晋升的必然结果。

恩格斯明确指出："被断定为必然的东西，是由纯粹的偶然性构成的，而所谓偶然的东西，是一种有必然性隐藏在里面的形式。"

因果不能倒置的重要原因还在于，因果并非完全是"一因一果"的对称，有时因果也会呈现"多因一果"的现象。

比如一个学生，特别贪玩，上课老是不认真听讲，久而久之，他的学习成绩就变得非常不好。在这里，贪玩和不认真学习是他成绩不好的原因，成绩不好是贪玩和不认真学习的结果。可是，所有成绩差的学生都是因为贪玩和不认真学习吗？当然不是，成绩不好是由多重原因造成的。

有些孩子很认真也很刻苦，可就是学不会，这是天赋的问题。还有些孩子，他们是因为突然间换了老师，一时间适应不了新环境，学习成绩变差。当然还有些孩子，他们的成绩差，是因为对学习不感兴趣，没有找到合适的学习方法来提升自己的兴趣。

这种现象就是典型的"多因一果"。

如果此时你是一位老师，面对学困生犯了因果倒置的错误，你肯定不能成为一个优秀的好老师，因为好老师的先决条件之一便是因材施教。你会粗暴地认为，成绩不好的孩子都是不好好学习的孩子。

然而，现实生活远比上述这个案例要繁杂得多，形成果有多种原因：有主要原因，也有次要原因；有远因，也有近因；有直接原因，也有间接原因；有内因，也有外因。

当我们把因当成果后，就很容易出现以偏概全的问题。如此一来，我们就无法看清事件的本来面目，如同盲人摸象一般，犯了最基本的逻辑认知错误。

因果倒置的影响还不仅仅限于此。

在莫泊桑的小说《项链》中，小公务员的妻子玛蒂尔德有一次需要跟丈夫一起参加一场规模很高的晚会。她为了不在晚会中表现得过于寒酸，于是就跟朋友借了一串钻石项链。那天，她戴着“名贵”的钻石项链，自信心得到极大的提升，成为晚会的焦点人物。可是她有点儿开心过头了，以至于在回家的路上把项链弄丢了。她只得借钱买来一条新的钻石项链还给朋友。为此，整整10年，她不得不节衣缩食，想尽一切办法挣钱来偿还购买新钻石项链欠下的借款。

比10年辛苦更为不幸的是，朋友告诉她，她丢的那串钻石项链是假的，这个消息让她崩溃了。为了一串假的钻石项链，她竟然耗尽了青春的活力。

在这里，故事的主人公玛蒂尔德就犯了两次因果倒置的错误。

第一回，她认为自己之所以成为晚会闪光的主角，是因为那串钻石项链，殊不知，真正让她成为主角的是她因戴项链后重拾的自信。

第二回，她认为钻石项链是从有钱的朋友那里借的，而有钱的朋友有一匣子珍贵的首饰，所以钻石项链一定是真的。殊不知，有钱人的首饰，也有许多是假的。

因果倒置会让人的思维产生固化，人们会理所当然地认为事情就是自己想象的样子，而不去深究事情背后的原因，这就是中国人通常所说的知其然不知其所以然。

那么，该如何辨别因果关系呢?

我们需要知道的是，因果联系往往具有时间上的顺序性，这也是我们通常所说的先有因而后有果。因与果的存在，往往是因引起了果，果跟随着因。我们只要明白这点，就不难分辨因与果的关系了。当我们对于因果有了一个较为明确的认知后，就可以避免犯因果倒置的错误。

在这个世界上，没有无因之果，也没有无果之因，原因和结果是相伴而生的。但是有一点，我们需要铭记，那就是相同的原因会产生相同的结果，但是相同的结果不一定是相同的原因造成的。这也是因果不能倒置的根本原因。

没有哪个权威可以替代逻辑

从字面上解释，权是权力，威是威势，两者合二为一，在现实生活最普遍的认知是指在某一范围和领域最有话语权、最有威望、最有地位的人或事物，有着使其他人信从的力量和威望。

逻辑一词最早来源于希腊语“逻各斯”，它是一门关于推理和论证的学科，主要任务和功能就是有效识别推理、论证的有效性和标准，并通过一系列的学习，使人们掌握正确的推理和论证方法，识别、揭露、驳斥错误的推理和论证。逻辑的作用，如果用最通俗的语言解释，就是辨别事件的合理性、严谨性和准确性。

为什么没有哪个权威可以替代逻辑呢？

这是因为，不论是权威专家还是权威机构，权威的最终组成都是人，它是人与人之间存在的一种现象。

人是有感观，有认知，有可能受到外界因素影响的个体。受限于人类对于科学认知的局限性，权威也会具备一定程度上的局限性。“杂交水稻之父”袁隆平之所以能培育出高产的杂交水稻，跟他不迷信权威，没有受限于当时在中国受到极度推崇的苏联农学家米丘林和李森科的“无性杂交”学说有着很大关系。

事实证明，在人类的科技史上，不乏这样的事例。得益于人类在科技文明的不断探索、发现，权威总是面临被质疑和推翻的宿命。学术权威因认知水平受限，有时不但不能推进科技与学术的进步，反而会成为新的科研成果迟迟不能得到认可、推广的绊脚石。比如，1944年，艾弗里发现了DNA遗传性样本，DNA对于今天的人们毫不陌生，它的发现在人类遗传学等学科上具有里程碑式的意义。然而，当时受限于人们只对蛋白质的研究较为充分，缺乏对DNA的研究，艾弗里的发现在10多年的时间内一直不能被权威认可，连诺贝尔奖的评委也因科学界权威对其持有的态度，未敢给予艾弗里得奖的机会。

最值得警惕的是，一旦有资本介入学术，出于利益的考量，资本可能会在法律许可的范围对学术问题施以影响，这也从一定程度上削弱了权威的可信度。

还有就是权威有可能被人利用。

当我们试图讲述一个观点时，对方如果不认同，他可能就会重复权威对于此事件的评定和描述。但是我们应该明白，权威并不是完全不受挑战，很多时候，持有不同观点的两派权威会对同一事情产出完全相反的判断。此刻，对方因为不同意你的观点，所重复的只是和他具有相同观点的权威意见，此时权威就被人为地利用了。

这里，我们还应该了解一个逻辑谬误，那就是诉诸权威，简单点说，就是我们在与他人辩论时，他人简单地以权威人物具备的威望与声望代替权威对观点的论证。比如，一些家长对孩子说达·芬奇就是从画鸡蛋开始学画画的，所以画画就得先画鸡蛋。

逻辑所代表的是理性、秩序和规律，是有秩序的、合乎规律的、具有条理性的思维方式。逻辑思维的规律和规则具有客观性，所持有的理论和观点不受人为因素所左右，是一种以理性的分析和探讨进行推理和论证的过程。

推理的客观性来源于，从一个或者一些已知的命题中通过分析、论证得出结论。相比于权威，逻辑受外因的影响更小。当我们具备逻辑思维能力后，可以有效地辨别出事件的合理性、严谨性和准确性。

我国著名的逻辑学家金岳霖小时候就很有逻辑头脑。一次家里请客，父亲和朋友们把酒言欢，酒一下肚，话也多了起来。金岳霖就听大人们说："我不在乎钱，钱是什么？'金钱如粪土。'"单听这句话，一点儿问题也没有，这就是大人们在向对方表述自己看淡财与利、为人清高的象征。大人们继续喝酒，酒过三巡，酒精在逐渐发挥作用，大人们的话也越来越多，言语间情感的表述也更为直白。金岳霖又听大人说："什么都没朋友重要，'朋友值千金'。"酒酣耳热的大人们是越喝越高兴，可是金岳霖却越听越不对劲，如果说"金钱如粪土""朋友值千金"，那么放在一起推论的话就成了"朋友如粪土"。朋友此时不但是粪土，而且还是千倍之粪土，这样的推论显然是不能成立的。

如果这个推论不能成立，那么，"金钱如粪土"和"朋友值千金"这两个前提，必然有一个不能成立。

谁不能成立呢？当然是"金钱如粪土"。

金钱怎么可能是粪土呢？虽然金钱不是万能的，可是没有钱却是万万不能的。一文钱难倒英雄好汉的事情在现实社会中屡屡发生。年幼的金岳霖当年或许不懂得金钱的重要性，可是他却凭借缜密的逻辑思维，成功地发现了大人们言语间的不准确。

当孩子的知识体系尚未建立，对世界的认知也不十分明确时，对于孩子来说，大人就是权威，就是理论，就是真知，很少有孩子能够辨别大人们的错误行为和言论，但是年幼的金岳霖则通过自己的逻辑思维发现了事件的不合理性。

由此可见，逻辑思维比权威更具不可替代性。

当然，在现实生活中，我们在面对问题时，许多权威给予的建议具有准确性和专业性，但是如何以冷静的态度听取权威建议也值得人们深思。

因为人是一种非常依赖自己固有认知，并特别容易坚持己见的生物体，有时为了坚持自己是对的，往往会投入大量认知资源来驳斥与自己不同的看法、建议，借以维持并坚定自己的想法，这种行为叫作“动机性推理”。

严谨的逻辑思维能力可以帮助我们在不具备专业知识的时候，通过推理论证有效辨别事件的合理性、严谨性和正确性。如此一来，当我们固执己见时，或遇见权威出现错误或受限时，便可能通过自身具备的逻辑思维能力，有效地避开错误权威可能出现的错误结果。

特别是在当下，网络的发达使得各类信息以前所未有的速度扑面而来，面对各类信息，我们往往难辨真伪，如果没有正确、有效的逻辑思维能力，便很有可能陷入各类信息中茫然不可知。

极端观点：被情绪支配的逻辑错误

生活中，不乏听到让你惊掉下巴的极端观点。

一姑娘被男朋友单方面宣布分手了，她哭得稀里哗啦，怎么都没有想明白，上个礼拜还和自己你侬我侬的男朋友怎么就跟自己分手了，还拉黑了自己的所有联系方式。几天后，姑娘又通过朋友的朋友打听到前男友结婚了，新娘居然是前男友信誓旦旦跟姑娘说的“妹妹”。

“三观”尽毁后，姑娘把自己关在房间，回顾自己失败的初恋过程，痛定思痛后得出这样的结论：“男人没有一个好东西。”

家人本指望着姑娘从失恋的痛苦走出来，没想到，姑娘却把自己拐进逻辑思维的死胡同中。如果这位姑娘不能从这种错误逻辑中走出来，她以后的婚恋之路注定要更为艰辛。这样的后果是家人不愿看到的。于是，家人便试图劝导姑娘说：“你不能因为遇到一段朽木就说森林中没有栋梁之材呀！”姑娘坚持道：“我发誓，男人的确没有一个好东西。”父亲听到这样的话，只得站出来，以自身为例说：“我也是男人，难道也不是好东西吗？”姑娘怔了怔说道：“爸，您是我爸，怎么能和那些人同日而语呢？您这不是抬杠吗？”

此时，到底是谁在抬杠呢？是谁走进了错误逻辑中无法抽身呢?

自然是姑娘，但姑娘此时受情绪支配，不可能意识到自己观点的极端性。她并不知道，自己在情绪支配下犯了归因偏差的逻辑错误。极端情绪产生的瘾症让个人的思维逻辑把一切不合理的逻辑思维都变成合理的逻辑思维，更加坚定了极端观点持有者对自身极端观点的坚守。

归因偏差是指人们在寻求造成结果的原因时出现偏差，无意识或并非完全有意识地将个人行为及其结果进行不准确的归因。这种行为会引起人们对现象、行为做出非正确的解释。出现这种情况的根本原因在于，认知过程存在局限性或是情绪失控造成的偏颇的心理状态，误读了原本正确的信息，使其自我逻辑推理走向错误甚至是极端。

不只是失恋，任何过于激烈的外因刺激，都有可能造成情绪失控后的逻辑错误，从而引发极端观点。

在一些灾难、事故的善后现场，人们常会听到遇难者亲属发出这样的声音：“都怪我，那天我就不该让他出门，一切都是我的过错。”

这种由果寻因，且把所有原因归结为一个原因本身就是一种逻辑错误，因为一件事情的结果有时候是有多个原因的。

假设那天他不出门，他是可以躲过灾难，如果灾难不发生，他更可以躲过灾难。此时，遇难者亲属内心的不确定感、控制感，以及对意义感的寻求都在控制着他内心的情绪世界。多种情绪集结就会造成遇难亲属的心理脆弱，影响人们控制自我意识的能力。这种情况下，遇难者家属很难意识到自我逻辑错误，并在这种近乎偏执的极端观点中不能自拔。

当然，不是所有的极端观点都是这般显而易见。有时候，一些被情绪支配的逻辑错误引发的极端观点就很具隐蔽性，不太容易被外人察觉。正是由于这种隐蔽性，这部分的极端观点很难被纠偏。

几个哥们在喝酒，大家正互相劝酒劝得起劲，一个人由于身体原因，或是一会儿还有某些事情要办不得不拒绝大家的劝酒，此时有的人会理解，可有的人却因自身心理比较脆弱，很容易因拒绝劝酒造成情绪的负面化，从而产生“你不喝这个酒就是看不起我”的结论。这样极端的错误观点，不仅会引起朋友间的误会，还会造成个人自信心的崩塌。其实，很多犯罪就是这类批判式的极端观点引发的。

造成这种逻辑错误的主要原因在于，人们的目标活动受到现实中诸多因素的阻碍，加之自身存在认知方面的局限，不能完全了解事件的整体情况，从而以偏概全，从自我出发，使其逻辑思维模式呈现出极端的单向思维特征。

当然，也有一部分人由于完全没有逻辑思维能力，被某些极端思想长期洗脑后造成自身观点呈现极端化。还有一部分人由于逻辑思维能力的缺失，被那些刺激眼球和感官及情绪的极端观点吸引。这些极易煽动情绪的极端观点让本来就具有跳跃、不稳定、变形等特点的情绪处于更为活跃的状态，这种感性的状态又直接影响着理性的思维，致使自身本就不强的逻辑思维力更加弱化，从而坚信他人的极端观点，并把这些极端观点当作自己的观点并坚持。

这就好比一个恶性循环，让错误支配错误，永远不可能得到正确的结论和结果。然而，最为可悲的是我们并不自知。

《乌合之众》的作者勒庞说：在与理性永恒的冲突中，感情从未失过手。

情绪是对一系列主观认知经验的通称，忏悔、憎恨、骄傲、谦卑、悲观、忧虑、痛苦、伤心、欢乐等都是情绪的代名词。当我们正在进行的思想活动或行为意识出现波动后，这些情绪状态便有可能席卷而来。无论我们触发的情绪是正面的还是负面的，都会引发个人行为的动机。由于情绪会使人类的逻辑思维出现形变，在正确的推论中加入复杂的情感因素，事件就会变得复杂，从单一性裂变为多样化、复杂化。当感性进入理性后，本应是理性的结论，就会出现异质性的裂纹，极端观点就可能由此产生。

柏拉图说："理性为上，精神附中，欲望为下。"要想避免自身逻辑思维出现极端观念，理性思考是个好方法，因为人类所面临的所有问题，其解决之道应该是依靠逻辑而非谬见。

错误类比：那些隐秘的逻辑漏洞

相传鲁班有一次上山，被一种带有锯齿的草叶子划伤皮肤。鲁班看到皮肤上深深的划痕，心想，要是仿照这种草叶子的形状，做出带有锯齿的金属器材，是否能割开坚硬的木制建筑材料呢？说干就干，鲁班通过实践，最终发明了锯子。

这就是一个通过类比举一反三、触类旁通，获得创造性发明的案例。

科学史上，许多发明创造就来源于类比。

现下发展十分迅猛的仿生学，很多是通过观察生物体的优异功能，通过模拟或在此基础上得到启示后研发成功的，比如模仿章鱼的触角开发的带有吸盘的软性机械触手。

类比不但能给予人们启发或灵感，帮助人们找到解决问题的方法，还被广泛运用于我们的日常生活中。

比如，你和一个多年未见的同学相逢于人群中，你是如何识别出来的呢？你会把眼前这个熟悉的人和头脑中储存的记忆进行比较。当你发现两者具有很多相似之处时，大脑就会给你一个二者拥有共同属性的判读，以此为依据，你走向前，跟他说话，进一步确认信息，他此时也运用同样的方法认出了你。

这就是逻辑思维中的类比推理方法，它被普遍应用在人类思维活动的各个领域，是逻辑推理的重要手段。

逻辑类比推理是根据两个或两类事物或对象相似的一系列属性，从而推出它们在另一个或另一些属性上也有相似的推理。

其形式为：

甲（类）对象有属性1、2、3、4，乙（类）对象有属性1、3、4，通过类比推理方式，我们可以推出乙类对象也可能有属性2。这里需要注意的是，通过推理，我们判断的是乙类对象可能有属性2，但这个属性2不一定完全成立，是需要通过验证的。

如果我们忽略了这一点，就极有可能触发逻辑漏洞。

比如有一对双胞胎，他们同父同母，在同一所学校、同一个班级上学，哥哥的数学成绩特别优异，我们就一定能推出弟弟的数学成绩也很优异吗？

当然不能。我们只能通过他们基因相同，受教育环境相同，推出弟弟的成绩可能也很优异，这个优异有可能成立，也有可能不成立。

因为类比推理是一种或然性推理，其前提的真不足以确保结论就一定为真。就算前提为真，结论也可能为假。这是因为事物之间固然有相似之处，但也是有所差别的。

在双胞胎的案例中，哥哥和弟弟虽然有太多的相似之处，但他们是两个完全不同的个体，个体间的差别导致推论结果并不一定完全成立。

值得注意的是，我们在日常的逻辑推理中，须遵循同类相推、异类不推的原则，切不可牵强附会，把毫无关联的事物或现象进行类比；也不能违背常识，做出荒唐的类比。错误的类比会使你的逻辑思维产生隐秘的漏洞，让其得出错误的推理而不自知。

比如，汉代神学认为天有木、金、火、水、土五行，所以人有肝、肺、心、肾、脾五脏，心有仁、义、礼、智、信五德。

何谓五行？五行最早出现于周朝《尚书·洪范》中，指的是水、火、木、金、土五种构成世界的物质元素。战国中期，邹衍结合西周的德治思想，将五行演绎为五德。但是这种认知，到了汉代神学者那里，则成为天有五行，所以人有五脏，心有仁、义、礼、智、信五德。

乍一听都是五种物质，又都是构成主体重要的组成部分，似乎蛮有道理的，可是仔细分析，你会发现，五行是构成世界实体的元素，五脏是构成人体结构的重要器官，五德则是构成道德范畴的元素，三者不论从材料、性质、功能、结构等方面，完全不具同类性，把三个不存在同类关联的事物进行类比是错误的。这种错误的类比必然导致错误的结论。

然而，值得注意的是，在这种类比中，不论是五种物质还是构成主体的重要组成部分，看似特别有共同点，但是这现象会令我们的逻辑思维形成隐秘的漏洞，虽错误而不自知。这也是这种从汉朝流传下来的神学观点至今仍能被许多人接受并当成真理奉行的原因所在。

导致这种错误发生的重要原因，就是人们把两种完全不同类的事物或现象进行类比。

早在先秦，墨家著作《墨辩》里就明确指出《墨子》里的名篇

《大取》中所说的辞“以类行”，指的是在推论中涉及的事物类别，应该前后一致，不可出现矛盾。《墨子》里的《小取》中说的“以类取，以类予”，更是再次强调取例证明或取例反驳时，应该遵守同类相推的原则，如若不然，必将引起矛盾，出现错误的结论。

先秦墨家的智慧不仅明确指出同类才可类比的标准和原则，更是在《墨辩·经下》指出“推类之难，说在之大小”。说的就是推类并非易事，因为类的范围有大有小，如果不能确定范围，很容易得出错误的推论。

虽然先秦学者明确地将此告诉了后人，可是直到如今，我们的生活中仍旧会出现这种归类范围不规范或是故意模糊归类，造成错误类比的现象。

比如，现在常见的广告文案：“10年前，有人跟你说×××，你不信，错过了风口；5年前，有人跟你说×××，你又错过了；现在我向你推荐×××，你是否还要错过？”

听了这样的文案，你会不会心动？如果你学会了逻辑学，绝不会心动。

首先，10年前跟你说的某人，和5年前跟你说的某人，与现在向你推荐的他是不是同一个人，当然不是，怎么可能是一个人呢。

另外，他说的某种风口和机会是同类的吗？自然不是。因为随着社会的发展，经济走向的变动，机会和风口会出现在不同的行业，既然不是同一个人说的，也不是一个行业出现的风口和机会，会有什么同比性呢？

这些广告语把这些本来并不相关联的东西放在一起，通过模糊范围、制造压力环境、贩卖焦虑，从而达到博人眼球的目的。

类比作为从一般到一般、从特殊到特殊、从一种现象到另一种现象的延展，比起演绎、归纳等推理方法，更容易被人们接受。但是，类比却有着局限性或必然性，我们在类比时一定要注意类比事物之间的差异，否则很容易掉进隐秘的逻辑漏洞内无法自拔或错了也不自知。

应对诈骗的逻辑：三勿一要

“诈骗”，相信大家都不会陌生，它是一个与我们日常生活息息相关的话题。随着社会的发展与科技的进步，诈骗等问题日益凸显，尤其是利用网络、计算机、手机等现代化工具进行的诈骗时有发生，大多数人或多或少了解或者亲身体会过。很多骗子的手段并不见得很高明，受骗的主要原因还是在于受害人本身。一般来说，受害人具有一些不良的心理意识，这是诈骗分子能轻易得手的关键。所以，时刻谨记应对诈骗的逻辑：勿贪，勿色，勿轻信，要验证信息来源。总结起来，就是“三勿一要”。

下面几种不良心态易被诈骗分子利用：贪小便宜；易受诱惑；不做分析地轻信；好逸恶劳；贪图美色……其中贪心是受害者最大的心理缺点。很多诈骗分子之所以屡骗屡成，很大程度上正是利用了人们的这种不良心态。

除了上述的不良心态，过于单纯地感情用事，疏于防范，一样会上当受骗。很多学生从小学、中学到大学，十年寒窗，与社会接触较少，思想单纯，对一些人或者事缺乏应有的分辨能力，更缺乏刨根问底的习惯，对于事物的分析往往停留在表象上，或根本不去分析，使诈骗分子有可乘之机。

帮助有困难的人固然是值得我们继承和发扬的优良传统，但如果不假思索去“帮”一个不相识或相识不久的人，是很危险的。然而遗憾的是，不少大学生就是以这种幼稚、不做分析的怜悯之心，自以为做了一件好事，殊不知已落入骗子设下的圈套。

当把破解诈骗套路的过程设定为诈骗犯出题、我们来解题时，摆在我们面前的将是永远都解不完的题，这才是诈骗问题难解决的本质原因。我们要明白，识破诈骗套路与解决诈骗问题，两者有着本质区别，诈骗犯为了赚钱，会因环境改变而对套路进行各种推陈出新。

要解决诈骗问题，我们就需要跳出解题者的陷阱，把自己的身份从解题者变成出题者，让诈骗犯来破解我们出的题，而不是我们去破解诈骗犯出的题。我们知道，几乎在所有的诈骗案件当中，诈骗犯首先要取得目标的信任，再利用信任骗取目标的钱财。这里最关键的地方是信任，如果没有信任，就不会发生被骗的事情。

所以，解决诈骗问题可以说是解决信任问题。那么，我们该怎么解决信任问题，这里举一个冒充公检法的案例来说明。案例当中，受骗者反馈对方自称是北京市公安局民警，因为受骗者涉嫌一起洗钱案，要求受骗者配合调查，最终受骗者被骗去80万元人民币。

受骗者因为相信骗子提供的假警察证与假通缉令才会被骗。尽管防诈骗知识当中已经说过公检法不会通过电话与网络来办案，但很明显受骗者并不知道这一点。客观上，像受骗者这样不清楚公检法办案程序的大有人在。受骗者为什么会相信假的警察证与通缉令，因为他以为那是真的警察，根本没有怀疑。那为什么会认为对方是真的警察？就是因为没有进行分析识别。如果在一开始他就分析出对方不是警察，就不会发生后面的事情了。

新闻报道，湖南省永州市公安局接到一名小学六年级学生的报警，称接到诈骗电话，并复述了整个过程。面对诈骗分子的话术，这名小学生以缜密的逻辑让骗子自行挂断电话。警察都情不自禁地表扬这个小学生："很多大人都没有你做得这么好！"原来，有人打这位小朋友的电话，声称自己是他爸爸的领导，也说出了他爸爸的名字。由于工作上有紧急的事情没有联系到他的爸爸，所以让他提供爸爸的身份证号和手机号码。这名小学生立马就反问这个骗子："你真的是我爸爸的领导吗？如果是的话，你查下公司的员工资料就一定会有我爸爸的资料，何必来问我呢？而且，你为什么会打一个小朋友的电话而不是我妈妈的电话呢？你的公司名称是什么呢？"

在人际交往中，如果有人向我们提供他的个人身份信息，想与我们开展下一步关系的时候，我们要先判断对方的身份是否可靠。但只依靠个人掌握的常识是不够的，更重要的是对这个信息进行验证。为何这名小学生能判断自己接到的是诈骗电话呢？就是一开始他就分析出对方是冒充身份的骗子，接着依靠"灵魂三问"验证骗子的信息，从而让骗子无计可施。

我们要清楚，骗子骗人是有逻辑和章法的，他的核心逻辑就是构建信任体系。要想构建成功的信任体系，其实有一个大前提，就是要能洞察人性，骗子知道你需要什么，知道你内心真正渴望的是什么。

比如说，很多人的内心有一种渴望，渴望用最小的代价获得最大的收获。假如你是一名创业者，在朋友圈看到一篇文章，标题是“白手起家，一年赚了7000万，只因为做对了这三件事”，你会怎么做？我猜你肯定会忍不住点开它，即使你知道这不合常理，也知道创业是九死一生的游戏，没那么容易成功，但你还是心存侥幸，希望自己是那个例外，渴望找到捷径。所以，你忍不住想知道，人家到底做对了哪三件事？因为你太想成功了，就会心存侥幸。骗子就是抓住了人的这种心理，降低你的防备，让你相信捷径是存在的，主动走进陷阱。

虽然行骗手段多种多样，但骗子行骗基本上是抓住人们心理上的某种弱点，或以利相诱，或危言耸听，最终目的就是骗取财物。各种骗术层出不穷，花招日新月异，但只要大家增强防骗意识，树立较强的反骗意识，谨记“三勿一要”的防骗逻辑，坚决不贪意外之财，克服内心的一些不良心理，保持应有的清醒，再精妙的骗术也无法得逞，只是揭穿的时间长短不同罢了。如果你相信天下没有白吃的午餐，也没有不劳而获的事情，骗子的那一套骗人逻辑可能就没有那么容易骗到你了。

>>> 第五章

逻辑学：是“计算”不是“算计”

数学+哲学=逻辑学

现代逻辑早已作为基础科学，用于自然科学、人文科学、人工智能等的研究上。联合国把逻辑学作为基础科学；英国把逻辑学纳入中小学必修学科，排在数学之前。逻辑学这门学科的形成经历了一段漫长时间的演变和发展，由20世纪影响力最大的逻辑学家、数学家、哲学家弗雷格进行了最初的整合。

从某种意义来说，现代形式科学的所有故事都来自莱布尼茨的两大梦想：一个是建立一套严格精密的人工语言，它没有人类语言歧义的结构，可以精确地描述任何哲学、逻辑和数学问题；另一个是找到一种方法，利用这套“普遍语言”解决科学、哲学和数学中的任何问题。

莱布尼茨的梦想在20世纪先后成真：集合论和符号逻辑、计算科学。这一切都源自19世纪末20世纪初发生的第三次数学危机。这场危机使得数学、逻辑学和哲学发生脱胎换骨的变化，数学的公理化、逻辑学的数学化、哲学的逻辑化是这个伟大变革中最显著的特点。

弗雷格最初是研究数学的，在研究数学的过程中遵循逻辑主义，进而把逻辑运用在哲学研究中，因为他发现研究哲学的时候常常碰到许多逻辑问题，为了解决这些问题，才有了现代逻辑学这门正式的学科。当然，不只弗雷格一人，后来经由奎恩、克里普克、罗素、哥德尔等人的发展，逻辑学这一学科逐渐发展成熟起来。因而，数学、哲学、逻辑学三者之间的关系密不可分，甚至从广义层面上说：数学+哲学=逻辑学。

但是数学、哲学、逻辑学之间的关系究竟是怎么样的，很多人是厘不清、道不明的。学习这三门学科的时候，很多人也说不清楚到底是什么，因此，梳理这些学科之间的关系是非常必要的。要知道，学科间的界限本来就是人为的，我们再把时间往前追溯的话，人类文化史上第一次认为几何学与有效的逻辑论证有关联是在古希腊时期。这可以算是最早将数学、哲学以及逻辑学联系起来的实例，而后数学偏向于代数研究，逻辑学单独服务于哲学。一直到了20世纪，随着弗雷格、罗素等人的研究，逻辑学又成功成为数学与哲学间的桥梁。

数学本质上是一种形式逻辑，逻辑大大地推动了数学和哲学的发展。也就是说，两者紧密联系，有区别也是方法论上有不同的侧重。它们统一于逻辑，主要是前额叶负责，很难有大的脑区分别。所以可以说，哲学和数学是通过逻辑学联系起来的，是逻辑学的重要组成部分。

哲学从逻辑的两个基本概念——个体名词和句子出发，利用函数的概念，定义语言中的其他表达式范畴，而且描述精确度远远超过短语结构语法，并且具有更大的灵活性。

数学就诞生在形式逻辑和形而上学的发展之上。所以，从范围上讲，逻辑学大于数学；从时间上，逻辑和形而上学先于数学。大体上，康德及以前的哲学是没有数理逻辑方法的老式哲学逻辑，在引入数理逻辑的方法后，哲学逻辑的表达更清晰、准确。一门学科不仅要包含其特定的研究内容，也要包含对应的方法，不能把方法从内容中抽离开。借助数理逻辑，哲学成为具备更广泛应用的有力工具，同样，蕴含于数学之中的逻辑早已成为数学内在的一部分，不能割裂地看。

以牛顿和爱因斯坦的自然哲学作为基准来看，自然和数理的关系是哲学，数学是逻辑学。逻辑学和哲学的关系好像是：逻辑是人类内在的心态，是抽象心态演绎出的思想工具，是思想的骨架，保证人能以正确的心态、以正确的方式思想；哲学是运用逻辑这种思想工具找到一个支点，去撬动地球。

形式逻辑是前提必然导出结论的推理，前提真则结论必然真，前提假则结论必然假。由于绝对真理是不可能存在的，所以形式逻辑不可能找到确真的大前提，因此形式逻辑的结论就是不能保真的。故而，形式逻辑不可能建立起任何关于思维内容的知识，更不可能建立知识系统，但形式逻辑可以建立纯形式的知识，所以数学就是成功的，因为数学是纯形式的。数学本身就是思维的符号化，数字、算术、代数、函数都是人根据思维的规律创造出来的符号系统，其本质与逻辑是一样的，是从思维规律中抽象出来的形式（规则）。所以，数学形式与逻辑形式、数学与逻辑是完全统一的，数学本身就是思维规则，而不是客观存在。

我们都知道，逻辑学是研究思维的规律和规则的学科。黑格尔豪迈地说过一句不得了的话——哲学到他这里就完成了。此话某种意义上说得确有道理，在黑格尔把数理逻辑、知识逻辑、系统逻辑集合完成之后，哲学的基本框架也就搭建完成了。数理逻辑是数学知识，知识逻辑是科学知识，系统逻辑就是数学知识和科学知识的系统性综合，就是哲学知识。

哲学是研究人生和世界宇宙最普遍、最根本问题的学科。研究哲学问题，必须使用思维，而逻辑就是思维的方法规则和规律。所以，哲学应该是按照逻辑规则去思考和研究。虽然从广义上讲，只要是哲学范畴的内容，不按逻辑思维思考，甚至胡思乱想，也可以谈论哲学，归为哲学，但它不是让人信服的哲学研究。综上所述，逻辑学是哲学的认识论和方法论，是哲学研究的方法和基础。

爱因斯坦说过："Pure mathematics is，in its way，the poetry of logical ideas."这句话的意思是："纯粹数学=纯数学，就其本质而言，是逻辑思维的诗篇。"同样，罗素等逻辑主义者是把数学归于逻辑学(logic)之下，而"logy"成为各种学科字尾，如生物学 (Biology)=bio(生物)+logy(学科)。很多学科的逻辑，其实已经蕴含在学科日常的操作流程和研究当中。简略来说，逻辑是一种基础工具，在世界的各个领域当中，教人如何正确地思考和表达。因此，数学和哲学研究对逻辑的倚重自不必说。

逻辑学的公式：打开真相之门的钥匙

寻找事物的真相是我们所有努力的意义所在。逻辑学是一门基于理性的学科，分析、推导，得出答案，所有的逻辑推理，所有的论证，目的只有一个：找出某个事物的真相。真相不同于妄想，那种所谓的真相永远是可望而不可即的想法是荒谬的，我们需要实实在在的、可以推理论证的真相，而不仅仅是妄想。

在著名的科幻小说《三体》中，三体人用某种工具锁死了地球科技，并制造了一系列人类现有科学无法解释的现象，导致理论物理学家纷纷崩溃自杀。许多读者可能在看书的过程中会迷惑不解，为什么这些物理学家因为解释不了现象而自杀。那是因为他们关于这个世界一直信仰的逻辑观被击破了，用今天的网络语言来说就是“怀疑人生”。书中对一名物理学家的自杀原因给了一些线索。这名物理学家死前留下一封遗书：“一切的一切都导向这样一个结果：物理学从来没有存在过，将来也不会存在。我知道自己这样做是不负责任的，但别无选择。”因为物理学的逻辑大厦崩塌了，所以她选择了自杀。

之前思维一直都是一个很神秘的概念，经过科学的发展，现在我们已经了解到它指的是我们大脑加工处理信息的过程和结果。但是人类大脑能处理的内容是有限的，并且是主观的，而不是客观的，所以为了追寻事物的真相，需要依靠公式化的逻辑推演出我们尚未看到的种种事物的细节。

德国逻辑学家弗雷格在著作中写道：“一个科学家所碰到的最倒霉的事，莫过于在他的工作即将完成的时候却发现所干的工作的基础都崩溃了。”无论物理学也好，化学也好，生物学也好，都有过大厦崩塌的时候，不过只要重新打好逻辑基础，大厦就能恢复。

逻辑真相仅仅关乎事物本身的真理性，通俗地说，它是在我们的语言表达和思维中探寻规律找出来的真相，是经过我们推理论证出来的真相，是我们可以认为正确的事实。经过逻辑推理，我们可以对一个做出真假判断的语言表述进行判断，肯定这一命题就是判断它为真，否定则认为它就是假。

从广义上说，亚里士多德建立三段论的方式是一种逻辑公式的最早方式。他不仅通过字母变元，使句子结构凸显出来，还运用希腊文中不太自然的表达方式“属于”，使句子中主词和谓词的位置得到确定。他不仅提出三个格、十四个有效式，而且运用换位法、归谬法和显示法把第二格和第三格的式划归为第一格的式，从而建立三段论逻辑系统。基于今天的看法，他的三段论系统可以得到数学公理系统的解释，也可以得到自然演绎系统的解释，因此也是一种公式演算。

逻辑和计算，对许多置身其外的人来说，似乎是两门不相干的学问。学逻辑的，大部分在哲学系，少部分在数学系，对他们来讲，逻辑就是关于思维的，是形而上的；从数学角度来说，就是数学的一个分支；学计算机的，因为程序语言和离散数学的关系对此了解得多一些，但大多也是技术层面的知识，如程序代码中判断表达式之间的关系、布尔类型的使用，很少有人真正从本质上探究逻辑和计算的关系。

一个完美的逻辑公式证明，其实也是一篇行云流水的文章，用语精确不余赘，行文次序有章法。形式逻辑就是将逻辑思维抽象成公式，然后通过公式计算最终得到答案，弄明白各个步骤之间的逻辑必然。从证明起点到证明终点，证明是连接两者的桥梁，这座桥绝不可能中间有漏洞，否则你将无法跨越。在这座桥上反复行走，不久你就会领略桥上的风景，并对证明轻车熟路。借助对逻辑语言的公式化，并学习证明逻辑规则，我们可以非常清晰地感受逻辑的魅力和严谨性。学会了各种逻辑公式，我们会对很多逻辑推论有更清晰的认识。可见，不论是写文章，寻找事物真相，还是证明数学题，逻辑严谨都很重要。

逻辑是一门充满演绎的学科，而演绎的基础来源于公理和定理，各种定理又演绎于公理。数学家的逻辑能力强只是说明他在数学领域的逻辑能力强，它来源于他们对各种定理、公理以及演绎过程的熟悉。通过这种熟悉，他们培养出直觉，从而引发各种猜想。但这种逻辑能力仅限于数学，对于他们不熟悉或不擅长的领域，他们的逻辑就会显得匪夷所思。

哲学系的课程当中也有逻辑学，这是因为很多哲学概念和论证表示相对艰深或者微妙，使用日常语言会使得哲学论证不精确，也不直观，可能绕来绕去也绕不明白，因此需要逻辑公式去表达。而且，普通语言句法规则太过灵活，话说不清容易引起歧义，利用逻辑公式就能完美规避掉这个问题。

另外，数学考试中，数学题的计算能力也是学生必备的一种逻辑技能。如果平时计算时容易出错，大多是因为逻辑不清晰，做题模式还没有逻辑化。首先，掌握数学公式能节省大量的推导时间，就能避免推导过程中的各种计算失误；其次，是读题环节，逐字逐句，找关键词，尤其是要看清楚否定词。哪怕是课本上没有讲明、需要推导的公式，记住了就首先有了结论，哪怕推导犯了错也能立刻发现，这就是逻辑公式的妙用。

在任何特定的情况下，对真相的确认都要检查别人认定或推测的真相在现实中是否存在依据。运用逻辑公式，就像是无限延长了我们的眼睛、耳朵，能使我们把低维知识拓展成高维知识，把片段知识连接成闭环知识，把局部知识组合成整体知识，最重要的是使我们不再依赖想象而理解事情真相。逻辑本身无所谓进步，进步的是人类利用逻辑构建的理性文明。

“代数化”的逻辑学

逻辑最早是由古希腊学者亚里士多德创建的探索、阐述和确立有效推理原则的学科。在逻辑用于诸多领域去探寻思维规律的时候，我们逐渐发展起逻辑演算、集合论、证明论、模型论、递归论等内容。在逻辑学家们长时间的共同努力之下，逻辑学用数学方法建立了一套符号体系来研究推理的形式结构和规律。于是，逻辑学逐渐变得“代数化”。这样的好处是使得晦涩难懂的逻辑推理叙述过程变得简单明了、通俗流畅。

为什么逻辑学能成功地变得代数化，这是因为数学是研究空间形式和数量关系的一门科学，逻辑是研究思维形式及其规律和方法的一门科学，虽然研究对象不同，但它们都完全抛开研究对象的内容，仅仅从形式方面加以研究，所以它们的性质、特点有着很多共同和类似的地方。正因如此，它们的关系十分密切，在内容和方法上可以互相运用和相互渗透。

第一次世界大战开始之前，德军参谋部制订过一个著名的军事计划——史里芬计划。这个计划的逻辑思路是打“时间差”，“声西击东”，先快速拿下法国，然后集中力量攻打苏维埃政府。在这个战争计划中，时间极为重要，精确到了每一天，有人说这简直就是一个逻辑思维严谨的推理剧本。

德军参谋部敢于做出这样的计划，底气就是德国统一之后建立的一套完整的官僚制度，它就像一台庞大而精密的逻辑机器，可以控制整个国家的行政体系和工业体系，一切为军事活动服务。有这种执行力，如此高精度的军事计划才有实现的可能。这个官僚制依靠的就是逻辑的强大计算推理能力。

这种强大的能力源自官僚制的基本特征——“非个人化”（impersonal），也就是“对事不对人”。为了追求效率，人被简化成一套指标，和任务无关的个人因素则忽略不计。这样做的好处是，无法被计算的复杂个人就变成可以计算的数据。

比如，银行处理贷款业务的时候，不必细心考虑每个客户的复杂情况：这个人贷款是为了上学、给家人治病，或者是为了事业发展？银行要采集的是指标：贷款数额、信用记录、抵押保障、还贷能力等等。把个人情况变成数据，通过计算，系统就能够高效地处理大量任务，保证效率和收益。

逻辑的推理论证必须通过严谨的计算才能得出科学的推理。为了保证逻辑的科学性，使用代数化的公式、定理、法则是必不可少的，因为逻辑学、数学以及形式语言学本身就有极其深刻的内在联系，只是基于现代的认知无法深刻表达这种统一性。

英国著名的科学家乔治·布尔于19世纪中期提出了逻辑代数这一说法。这是一种用于描述客观事物逻辑关系的数学方法，因而又称布尔代数。逻辑代数有一套完整的运算规则，包括公理、定理和定律。它被广泛地应用于逻辑的变换、分析、化简和设计上。随着数字技术的发展，逻辑代数已经成为分析和设计逻辑的基本工具、理论基础。

最近出现了一个比较热门的逻辑学单词——底层逻辑，它是研究每个事物或者问题最原始出发点的逻辑。底层逻辑利用公式来表示的话，更加直截了当，有利于我们进行理解。比如说不少创业的商家，或者在公司内负责提升销售额的人，需要经常考虑怎么才能增加曝光率吸引更大的流量，怎么增加顾客的回购率，怎么做才能提升客单价。实际上，做生意赚钱的公式就是一个底层逻辑：

销售额=流量×转化率×购买次数×客单价

通过这个公式，我们都能看明白影响销售额的因素，不管是什么生意，都不要被情怀所迷惑，要按生意的逻辑来考虑。在这四个影响因素都同时增加的情况下，销售额才能大大增加。

在逻辑代数的应用里，逻辑的因果关系可以用逻辑运算来表示。我们知道，世界上的事物往往存在两种对立的状态，于是可以在逻辑代数中抽象地将其表示为 0 和 1 。逻辑变量的取值只有两种，有与、或、非三种基本逻辑运算，还有与或、与非、与或非，抑或几种导出逻辑运算。如果对字母变量的所有可能取值，等式两边始终相等，该公式即告成立。

逻辑代数可以用逻辑真值表、逻辑表达式、逻辑图、卡诺图、波形图等方法表示。由于这些代数表示方法，逻辑代数的许多特性在图形上得到形象而直观的体现，从而成为公式证明、函数化简的有力工具，以表格的形式反映输入逻辑变量的取值组合与函数值之间的对应关系。它的特点是直观、明了，特别是在把一个实际逻辑问题抽象为数学问题时，使用真值表最为方便。

若x，y均为0，则结果为0，否则结果为1。逻辑意思是只有两个条件同时不成立时，整体才不成立。

举个例子：放假了如果我买到火车票（A）或者（or）买到机票（B）就能回家。

x为0，结果为1；x为1，结果为0。逻辑意思是当前条件取反。

举个例子：我没有（not）满60周岁（A），所以不能享受老年优惠。

逻辑的代数化不是逻辑学家才能接触的专业部分，其实早在高中数学中就已经出现。高中数学是有基本的词项逻辑内容的，涉及全称特称量词、逆否命题、充分必要条件等内容。我们常用的形式逻辑部分，在高中数学体系中就已经基本涵盖日常推理需要的形式工具。

逻辑发展史表明，逻辑是离不开数学方法的，当今逻辑学的发展更需要站在数学发展的基础之上。离开了数学方法，当今逻辑学的持续发展就不可能实现。如果说传统形式逻辑向数理逻辑发展依靠的是数学方法的话，那么当今或今后逻辑学的发展与进步也必须以广泛的数学方法应用为基础。

逻辑学的经济原则：奥卡姆剃刀

人类的认知是一种生命感应信息的群体性共识，人类认知和鱼群、蜂群的群体性感应信息有异曲同工之妙。所有的人类认知，第一，都是生命个体的感应信息，第二，必须是群体性的。因为人类认知都是结构化意识的结果，必然带有这两种特征，结构化的意识内容只有越精简、越“经济”，才能更易于传播。

因此，在14世纪，英格兰圣方济各会修士威廉提出了一个逻辑学原理——奥卡姆剃刀论。威廉出生在英格兰一个偏远的小镇，曾在欧洲知名大学深造学习，被人称为“驳不倒的博士”，因为他知识渊博，能言善辩。威廉一生沉迷学术研究，写下了大量的著作，影响最大的是提出了这样一个原理：如无必要，勿增实体。详细地解释其含义就是：只承认一个个确实存在的东西，凡干扰这一具体存在的、空洞的普遍性概念都是无用的累赘和废话，应当一律取消。这一看起来似乎过于偏激独断的思维方式，后来被人们称为“奥卡姆剃刀”。

奥卡姆剃刀的出发点就是：不要做任何不必要的事情。奥卡姆剃刀像是一把精准的切割刀，无论普通人、公司管理者还是科研者，谁能有勇气拿起它并准确地使用它，就能获得成功。历史上取得划时代成就的科学家们都在使用这把逻辑学剃刀——奥卡姆剃刀，把最复杂的事情化为最简单的定论，然后通往天才的成功之道。谁对应的事物更经济、更简洁，谁就更容易被复制，形成思想物种、认知共识，即“真理”。

这把剃刀出鞘以后，一个又一个科学家，如伽利略、开普勒、惠更斯等，都在“削”去理论或客观事实上的累赘之后，“剃”出了精练得无法再精练的科学结论。每个人都解决过复杂的问题，但都是首先使用奥卡姆剃刀将复杂的内容砍成简单的关键点，然后再着手解决问题。

奥卡姆剃刀是一种思维工具，它是一种逻辑思考方向。如果你能找到一个更简单的理论，包含更少的因素、更少的实体，也一样很好地解释现象，就不要再构造一个大而无当的复杂理论了。自14世纪横空出世后，它终结了烦琐、复杂的学院争论，斩杀了卡尔·萨根的恐怖火龙。可在科学理论上应用奥卡姆剃刀原则：如果能用A来描述现象，那么不要发明B来解释，因为新逻辑可能会有漏洞。延伸一点的理论是：如果同一个现象有n种理论，最简单的那个便是最正确的。再进一步提出一条实践原理：能用n做好事情，就不要有第n+1个动作。这把小小的剃刀，貌似简单，却在不同学科中展现出巨大威力。

哥白尼提出的日心说简直是奥卡姆剃刀的完美应用示范。在从“地心说”到“日心说”的过程中，在解释运动相对性上，其实他们都是对的。但以地心说为中心的话，其余星球绕着地球运动的轨迹乱七八糟，日心说对于各大星球来说更正确，对现在的科学体系改动很小。最初人们沉迷地心说时，要不断地加入行星的公转自转和星轨反复移动这一系列复杂的元素，解释不断出现的和“地心说”理论不符合的现象。当你需要不断地加入复杂的轨迹去解释最简单的相对运动现象时，真实的情况很可能只是需要换一个固定参照物。这就是哥白尼的伟大之处。同样，开普勒定律告诉我们行星的轨道是椭圆的，就不必再假设地表下还藏着一个控制台前操控行星的外星文明了。

经过数百年的岁月，奥卡姆剃刀已被历史磨得越来越快，它早已超越原来狭窄的领域，具有了更广泛、丰富和深刻的意义。实际上，剃刀原理本身就是用在生活中便于我们认知事物的方法论。它的真正含义不应该是“如果没有必要”，而是在没有更多证据的情况下，选择相信假设少的那一种说法。

著名作家马克·吐温说过一个小故事。一天，他去参观教堂，恰逢一位传教士在讲述非洲传教士的苦难生活。传教士讲了5分钟，他决定捐200元；讲了10分钟后，他决定只捐原先的一半，即100元；当那位传教士讲了60分钟后，马克·吐温就决定离开不捐了。马克·吐温的故事告诉我们，越是复杂的事情，越是难以让人提起兴趣，而解决问题的方式越是复杂，越容易出错，即做任何事情，不要拖泥带水，而要抓住关键，化繁为简。

所谓的奥卡姆剃刀原理，并不是说越简单就越是真理，而是因为越简单则更“经济”，更容易被复制，这个道理如同基因信息的传播。PC游戏到今天能成为不少人的休闲方式，让愈来愈多的人接受它，靠的就是奥卡姆剃刀的逻辑原则。从星际、魔兽到Dota，再到lol，玩的人一个比一个多，靠的不是不断提高游戏质量，即让游戏更难，如不断填充背景故事、完善世界观和设定、增加各种更富挑战性的玩法，等等，相反，电子竞技走到今天，靠的一直是做减法，删去各种不必要的设定，让游戏更容易上手。每减一点，能参与进来的玩家就更多一点。

奥卡姆剃刀原理在生活中的应用可以简化为“简单有效原则”：如果一个事情有两个解决方案，选择较为简单的那个。比如，做了一件错事怕被责备，与其撒谎掩盖，内心承受不安和煎熬，不如选择承认错误这一简单的处理方式。如今，社会上的骗局层出不穷，如果一件事情变得非常复杂，还夹杂了许多新概念，这种项目最值得人怀疑。因为逻辑完整自洽的情况下，越简洁的解释越有力。如果把生活中的一些现象用“如非必要，勿增实体”来解释，可以撕下众人的伪装，将他人一眼看到底。

避免陷入无穷计算的循环论证

相信很多人观看过一部叫《开端》的电视剧。在电视剧中，我们看到的是一次又一次的循环，扣人心弦。虽然电视剧里面所谓的循环只是一个魔幻的表现手法，并不是重点所在，但将电视剧投影到现实生活的世界中时，我们又何尝不曾陷入无穷的循环论证逻辑当中呢？

循环论证，是用来证明论题的论据本身的真实性要依靠论题来证明的一种逻辑错误。在循环论证中，论证的前提就是论证的结论，因此又称“先定结论”或者“乞词魔术”。假设你问我人为什么应该努力工作呢？我回答说因为人应该努力工作。听完之后，你大概会想动手打我。因为你是想听我来论证人为什么应该努力工作，而我却直接把这个结论当作论证前提，相当于用自己来论证自己，说了等于没说。这就是犯了循环论证的自证，进入了“循环论证”的无谓性。

当我们试图理性地说服他人时，需要给出一个论证。如果论证的前提包括对方在不接受结论的情况下也肯定不会接受的内容，这便是犯了循环论证的谬误。循环论证是不当预设的谬误中的一项。具体来说，循环论证包括三种形式，分别叫作换说法、灌论点以及兜圈子。

换说法，指的是换一种说法来表达完全相同的意思。假设你再问我人为什么应该努力工作呢，我回答说因为人应该为自己的工作付出充分的时间、心思和精力。这一次是不是让你觉得比之前的回答有了不少诚意，似乎真的在回答你的问题，但只要你稍微想想就会发现，这个回答跟之前的其实没有区别，因为人应该为自己的工作付出充分的时间、心思和精力和人应该努力工作根本就是同一回事。实际上，我仍然没有论证人为什么应该努力工作，只是用不同的措辞复述了一遍结论而已。诡辩家们把循环论证称作一种语言魔术，因为只要你懂得换个说法说话，就能用循环论证蒙混过关，显得你能像变魔术一样，论证世界上所有的命题。由此可见，我们在分析论证时，必须加倍小心循环论证的陷阱，分清楚对方到底是在老老实实做论证，还是变着花样换说法。

但是对于逻辑学刚入门的人，则容易把循环论证和逻辑闭环搞混。我们来举个例子，一个瘦子问胖子："你为什么长得胖？"胖子回答："因为我吃得多。"瘦子又问："你为什么吃得多？"胖子回答："因为我长得胖。"肥胖和食量两者之间互为因果，可以不断往返，此为循环论证。逻辑闭环是自洽的逻辑。所谓自洽的逻辑，就是你的推理能够大圈套小圈、一层一层地合理套起来，一般用来说明某种事物发展的路径，最终形成一个比较健康的良性循环。比如，初次买奶茶—奶茶很好喝—成为品牌粉丝—复购—奶茶依然好喝—成为忠实粉丝—再复购，这就形成一个比较好的商业闭环。

因为语言是一套封闭的符号系统，当我们面临不断的追问时，容易触碰到语言的边界。这时候，循环论证就给我们设下了陷阱。我们对一些概念之所以会陷入循环论证，通常是自己观察事物的角度造成的，人对自己的概念只要一绝对就会转圈儿。一般来说，我们在对某个复杂的问题进行深入研究时，就可能出现循环论证。

我们知道循环论证的谬误之后，其实是比较好识别的。除此而外，我们还会遇到另一种把结论当理由的情况。例如有人问：“为什么那个孩子一直在闹?”“因为他是熊孩子。”这句话有什么问题呢?对方声称自己发现了事情的原因或理由——“他是熊孩子”，但那不是真正的理由，只是对事情或行为进行了命名，这种谬误被称为乱扣帽子谬误。像循环论证谬误和乱扣帽子谬误，都属于没有真正的理由，而是把结论进行“包装”或简化为一个词语，以此充当理由的谬误。平时我们接触到的循环论证谬误可能不会那么明显，一般都会被改头换面，将结论用不同的表达方式来充当理由和证据。

比如：“主动型安乐死在情理上是可以接受的，协助他人以死亡摆脱痛苦是正当的，符合伦理的。”这里面的“正当的，符合伦理的”很大程度上也是“在情理上是可以接受的”，只是换了一个说法，所以这个观点并没有理由支撑。

那么，我们可以怎样更好地发现循环论证谬误呢?可以采取以下两步：首先，注意对方是否使用了一些绝对化的用语，如众所周知、毋庸置疑、显而易见等，企图用这样的话来表示自己的结论不需要被查究，这时我们就需要提高警惕了；其次，判断结论与理由是不是同一件事。如果你发现对方的论证使用的是“因为A所以A”的结构，那么就可以马上判断这是一个循环论证谬误。

你可能也听过这些让人哭笑不得的话："这个东西很重要，因为对我来说不可或缺""我没法给你答复，因为这事我答复不了""初恋非常刻骨铭心，因为它对每个人都很重要"……说出这些话的人好像理直气壮，一个"因为"让人感觉自己很有道理，但其实我们会发现，这样的结论其实是没有理由支持的。这三句话中，它们的理由和结论是一个意思，比如"很重要"和"不可或缺"的意思差不多，对方还没有说出为什么这个东西重要跟不可或缺。

我们分析事情的时候，如果不注意因果之间的关系，很有可能出现各种逻辑谬误。逻辑思维能力是很重要的，也是教育文化中比较薄弱的。逻辑思维清晰严谨，可以帮助我们认识清楚很多众说纷纭的问题。总之，了解这些"神逻辑"，适时认出它们，不仅能让我们在和人沟通的时候不落下风，还可以让自己避免掉入逻辑陷阱，限制住自己的人生。

重复一百次：谎言变真理的逻辑

世界上流传着许多经典名言，它们是人们在生活中提炼的智慧和经验，是文化精华的结晶，对我们后来人有重要的学习和警醒作用。然而，许多名言其实也经不起反思，但世人早已信以为真，甚至奉为圭臬。近代流传最广的一句名言，莫过于希特勒宣传部部长戈培尔说的一句话：“谎言重复一千遍就是真理。”他本人确确实实做到了把谎言变成真理，所以他的这一句名言本身似乎也变成一条真理，流传至今。

不断地重复一个虚假的观点，如果大家都统一口径，众口一词，哪怕没有进一步提供论证或支持，也有人误以为事实就是那样。因为，不断地重复会增加逻辑的合理性，如果所有人各执一词，那就可以混淆视听。有些人会为此利用自己的伪逻辑控制别人的思想。

人们在信源不确定，无法确认信息的真实性时，以及与自身安全、潜在利益有关的问题上，容易相信流言。心理学表明，人类知觉到的世界比真实的世界往往更重要。比如买盐防辐射，喝板蓝根预防非典。人们选择相信流言，有一个原因是减轻心理压力。流言被传的次数多了，当大众都认为某个信息为真时，某个人如果不信，他就要承受较大的心理压力，自己与别人不一样。每个人都有归属的需要，选择相信大家相信的，就等于宣布我和你们站在一个阵营，归属感得到满足，心理压力减轻或消失。

受教育程度低的人，内心不坚定的人，更容易相信流言。即使一条流言被明确标明为流言，大众还是会倾向于相信流言为真，坚信“无风不起浪”。

假设存在这么一条客观真理，但是每个人的知识水平、生活经验、情感阅历等个体因素让我们看待真理时有自己不同的角度。这就是一千个读者有一千个哈姆雷特。某个谎言不断被重复，正是一个认知不断重构的过程。从本质上讲，心理暗示是一种条件反射的心理机制，会使人不自觉地按照一定的方式行动，或者下意识地接受一定的意见或信念。当“自我”不那么完美，甚至有部分缺陷的时候，一个人就会表现出没主见，容易受到别人暗示，被别人控制和奴役，甚至相信异端邪说。其实，真理就在那里没有变，真正改变的是你脑中认为的那个真理。每一次重复，都是一次刺激，都是一次强化。从认知神经科学的角度来看，每次重复都会刺激神经联结，久而久之，你心中的那个谎言也就成了真理。

莎士比亚说过这样一句话：“成功的欺骗者，当被骗的人已经成为他的拥护者，他就不再需要继续说谎，你再说什么也是枉然。”谎言欺骗的对象是愚者，它骗得了愚者，骗不了智者。为什么被骗的人会成为坚定的拥护者呢？因为他们被洗脑了，传销组织就是用这样的方式摧毁对方的意志，通过阻断人们获取外界信息的途径，限制人身自由后，在短时间内高频次地灌输传销思想。一句话重复的次数多了，就会给自己一个心理暗示，让自己开始相信自己没有说谎。即便重复了千次百次的谎言成为真理，有人可能也会说谎言就是谎言，骗得了一时，骗不了一世，不过谎言的价值就在这一时。至于是不是真理，骗子会关心真理吗？

相信“重复一百次的谎言就是真理”的戈培尔是纳粹德国时期的宣传部部长，以铁腕捍卫希特勒政权和维持第三帝国的体制，擅长演讲，被称为“宣传的鬼才”“希特勒的喉舌”，被认为是“创造希特勒的人”。戈培尔和他的宣传部牢牢管制舆论工具，随心所欲地颠倒黑白、混淆是非，甚至愚弄德国人民，贯彻纳粹思想。戈培尔将新闻、报社、出版社、广播、电影等牢牢管制在自己手中，让德国人只能听到自己这一种声音，甚至还鼓动学生，要创造新时代。戈培尔没有辜负希特勒的期望，他的宣传把真正的异端邪说带入德国人民的脑子里。就这样，戈培尔给自己的谎言穿上了真理的外衣，这就是“戈培尔效应”。

重复的力量究竟有多大？我们深入分析“戈培尔效应”发生作用的原因，就会知道它实际上是心理累积暗示造成的。人们心理暗示的累积有着移山填海的功效，完全可以改变人的信念，以之为善则为大善，以之作恶则为巨恶，全在乎其人。

在逻辑学上，将谎言重复一百遍，就能让自己和别人成功被洗脑。但如果你的逻辑思维够强，就能从对方的话语里找到破绽，坚定自己内心的想法，不被引入谎言的圈套。

比如，中国古代政治管理上信奉“君叫臣死，臣不得不死”。当时人生下来就接受这个概念，没有人怀疑这个概念究竟对否。为什么大部分人的思维打不开？原因就是这些人从小就被这些条条框框的规定限制了，也被这些观念套牢了。日本军阀之所以能从平民中打造出狂热的战士，也是因为日本的孩子从出生之日起，就被灌输着这样的思想暗示，即他们是“神的传人”，上天注定他们降生是为了掌管这个世界，于是他们为了这个“真理”抛弃自己的所有。现在看来，凭什么你当皇帝？凭什么我要全听你的，还要替你死？但在当时，人们不会有这个意识，身边的环境也不允许有这样的想法。

重复能加深潜意识的痕迹，使具体事例直接印入潜意识。当然，任何事物都有两面性，暗示也一样，有正面暗示，也有负面暗示。正面向上的心态，往往会给出积极的暗示，使他人得到战胜困难、不断进取的力量；反之，颓废低迷的心态，则会使他人受到消极暗示的影响，变得丧失热情、萎靡不振等。掌握它们的内在逻辑，会帮助你发现事物真相，更深刻地认识社会和人性；合理运用它们，你会发现许多复杂和困难的问题都能迎刃而解。

逻辑追求严密的数学论证，而不是浪漫的文学比喻

从科学的角度来定义逻辑的话，可以称其为思维的规律，或者一门研究思维规律的学科，还泛指客观规律和思维规律。那么，对于逻辑而言，什么才是最重要的？那必然是严密的数学论证，而非浪漫的文学比喻。

众所周知，万事万物都有一定的因果定律，这些因果定律也可称作所谓的“逻辑”。任何事物的因果定律都是通过一定的研究得出一个具体结论，因此，将这一结论美化、虚化为浪漫的文学比喻是说不通、不切实际的。

举个例子，相信很多人看过绘本《猜猜我有多爱你》。它讲述了这样一个故事。

小兔子上床睡觉之前，紧紧地抓住大兔子的长耳朵。他问大兔子：“猜猜我有多爱你？”

大兔子说：“这我怎么猜得出来呀？”

“这么多。”小兔子说，他把手臂张开，开得不能再开。

大兔子的手臂要长得多，“我爱你有这么多。”他说。啊，那当然是很多了，小兔子想。

小兔子又有了一个好主意，只见他倒立起来，把脚撑起来，大声地说："我爱你一直到我的脚指头。"

"我跳得多高就有多爱你。"大兔子笑着跳起来，他跳得很高很高，高到耳朵碰到树枝了。小兔子想，这多高呀，应该比我高多了，可我比他爱我更爱他。

"我爱你，像这条小路伸到小河那么远。"于是，小兔子这样喊起来。

"我爱你，远到跨过小河，再翻过山丘。"大兔子说。这可真远，小兔子想。

他太困了，想不出更多的东西来。他望着灌木丛那边的夜空，没有什么比黑沉沉的天空更远了。"我爱你一直到月亮那里。"说完，小兔子就闭上了眼睛。

"哦，这真的很远，"大兔子说，"非常非常地远。"大兔子把小兔子放到用叶子铺成的床上。他低下头来，亲了亲小兔子，对他说"晚安"，然后躺在小兔子的身边，微笑着轻声地说："我爱你一直到月亮那里，再从月亮上回到这里来。"

如果从文学角度来分析小兔子和大兔子的对话，我们可以感受到，两只兔子之间的爱的确很美。"张开双臂的距离""倒立到脚指头的距离""跳高的距离""地球到月亮的距离"等都代表了两只兔子对彼此浓浓的爱。实际上，两只兔子想要表达的意思是，对彼此的爱是无穷无尽的。因此，他们尽可能用自己无法描述出的距离形容对彼此的爱。

可是，从逻辑学的角度来讲，用这些距离来衡量爱的深浅根本就不科学。兔子双臂间的距离不过0.5米左右，倒立到脚指头也才0.7米，跳高仅仅只有1.5米，地球到月球的距离38.44万千米也并非不能测量，这些比喻都不能准确地用来形容没有尽头，两只兔子对彼此爱的描述仅仅局限于他们认知到的最远的距离而已。如果有一天他们从认知上获知了更远的距离，他们对于这一问题的回答依旧会发生变化。但从逻辑的角度来讲，这个问题的答案不可能实时变动。逻辑是十分严密的因果定律，从这个角度上思考，“小兔子到底有多爱大兔子”这个问题有且仅有一个确切数字形容的答案，怎么会存在认知升级一直变动的情况呢？

还有一句十分经典的俗语也能印证逻辑更加追求严密的数学论证。“万丈深海终有底，三寸人心不可量。”一般来讲，当某个人的行为过于惊世骇俗或者他的心理阴暗程度令人唏嘘、所犯罪行罄竹难书的时候，人们多半会形容他的心思难以捉摸，永远不知道他在想什么。

从浪漫文学的角度来讲，我们可以很轻易地对这句话做出理解：海底十分深远，可比海更深的是人的心，永远摸不着底，深不可测，永远不要低估人性的扭曲与黑暗。

可从逻辑的角度来讲，地质勘探学家早已给出具体数据。目前已知世界海洋的平均深度在3682米左右，也就是大概有一千层楼那么高，可是人的心脏的正常范围仅仅是在35～55毫米，换算一下，十万多个心脏的高度加在一起才能达到海洋的平均深度，由此可见，说人心比海洋更深纯属谬论，根本不符合现实逻辑。逻辑是十分确切的客观规律，既然人的心脏高度跟海洋深度相比根本不可同日而语，这是一个我们熟知的客观规律，那我们又怎能说人的心脏比海洋更深呢?

诸如此类的例子还有“宰相肚里能撑船”“女人心，海底针”“人的眼睛有着超高像素，却看不懂人心”，等等。第一句话一般被用来形容某人十分有容人之量，为人处世十分宽容大度；第二句则经常用于形容一些女性的心思变幻莫测，难以捉摸。第三句被用来形容人心复杂，人与人之间有隔阂、不了解。从浪漫文学的角度来看，我们可以很形象地感受到这三句俗语形容的人物、画面等。可是，从逻辑的角度来讲，人的胃的容量一般为50毫升，但世界上却已有轮船体积达到2000立方米，显而易见，正常情况下，一个人是无论如何也无法完完整整地吞下一艘船的。人体35 ~ 55毫米的心脏深度，也远不及掉进深达3682米的深海的绣花针，两者毫无可比性。至于拥有5.76亿像素的人眼根本看不清人心这句话，从逻辑的角度更是胡说八道，因为人眼像素高，看到的只是物象化的事物，是看得见、摸得着的，而人心只是一个虚化的概念，是看不见、摸不着的心理状态，两者毫不相关。如果仅凭这些浪漫的文学比喻来固化人们对客观事物、客观规律、因果联系的认识，这个世界就彻底乱套了，人们将不再对事物概念有一个清晰的、明确的认知。

由此可见，逻辑更加注重精确的数学论证，而不是虚化的浪漫文学比喻。

第六章 <<<

“假”的逻辑：给你插上想象的翅膀

逻辑与假说

生活中，我们常常疑惑到底什么是逻辑？当领导或是其他人总要求我们做事讲逻辑的时候，其实我们很难理解他们的要求到底是什么。通过搜索某些网站，阅读相关资料，我们得到了“逻辑”一词的四种含义，分别是：第一，指客观事物的某些特定的规律；第二，指某种被认定后的理论与规则，当然也可以指某些被普遍认同的观点或看待问题的角度与方法；第三，指思维的规律、规则；第四，指逻辑学这门学科。有这些解释，或许你会更加疑惑，其实逻辑就是指符合人类对于客观事物属性及其相互关系的最高或普遍认知。在缔造这些相互关系和认定这些认知的过程中，有一种非常重要的手段，那就是提出假说。本节要论述的就是假说在逻辑论证中的应用。什么是假说呢？

要知道，逻辑论证是人们探索真理和证明真理科学性的重要工具，假说的提出是进行逻辑论证的前提。从定义上看，假说是以当时已有的事实材料和科学原理为主要依据，提出对未知事物及其是否存在一定规律做出的一种假定性的解释和说明。简单地理解假说，其实就是一种有根有据的推测。所以通常情况下，大部分假说是人类思维形式综合运用的结果。它对于现存理论能起到补充说明的作用，因为以往理论没有提出或当时不能说明的一些现象，某些假说的提出能为其做出理论上的假定性说明。

从类别上看，假说可以分为描述性假说和解释性假说两种类别。一般来说，科学的假说具有以下特点：假说提出的前提以客观事实和科学知识作为依据，但假说结论不是已经接受实践检验过的，它仅仅具有科学预见的功能，不能作为客观事实的评判标准。比如，当我们想要描述宇宙天体时，就要根据当今科学家对于宇宙的最新认知来提出假说，这样才符合逻辑论证的科学性。

就像在日常生活中，80%的人认为月亮是圆的，那么你把月亮描述为方的显然是不符合逻辑的。所以，假说的提出有一定的前提条件，并不是胡乱拼凑的。并且，假说的重要性在于对人类的科学发展来说，就是要不断地提出新的假说才能修正或抛弃以往不够完善的假说，这也是假说能够成为逻辑论证重要手段的原因，因为不断完善使得假说能够拥有上升为科学理论的过程。

恩格斯说过，只要自然科学想要发展，那么在思维体系中，它的发展形势就是假说，我们必须充分利用好假说在自然科学发展中的作用。通过回顾人类在科学发展过程中的历史，不难发现许多科学发现是通过一定的科学假说提出来的。就像牛顿关于“地球是椭圆的”这一发现，当时他也是根据相关的科学原理，通过逻辑论证中的假说这一手段提出来的。这就说明逻辑论证在建立科学体系、证明科学原理的过程中发挥着重要的作用。当然，这样的例子还有很多。

例如，19世纪中期，作为现代遗传学之父的奥地利生物学家孟德尔，就利用豌豆做了大量的杂交豌豆实验。他通过对实验结果进行观察与分析，发现杂种豌豆的后代中出现了一定比例的性状分离，产生了不同性状自由组合的现象。他通过严谨的科学推理和大胆的想象提出杂交实验的假说，并对性状分离的实验现象和不同性状的自由组合现象做出尝试性的解释，换句话说，这种解释性的说明就是假说。

之后，他还巧妙地设计了各种植物的杂交实验来检验自己的假说，因为他深知仅仅通过一两次豌豆的杂交实验是不可能直接验证假说的科学性的，所以又做了大量工作用来验证这个假说从而演绎出推论，即如果生物的遗传因子决定着生物性状的假说成立，那么，根据之前的假说就可以对杂交实验结果进行理论推导和预测，然后将实验获得的数据与理论推导出的数据比较，如果二者一致，就证明自己的假说是完全正确的，如果不一致则证明假说是错误的。

当然，要对假说的真实性进行实践检验的过程非常复杂，不是一蹴而就的，单靠一两个实验说明不了问题。只是在孟德尔实验的过程中，我们看到了假说在推理论证中的重要性。它作为科学研究的“先行部队”，让孟德尔做的很多实验得到了相似的结果，大量的实验最终验证了孟德尔假说的真实性。孟德尔的假说最终发展为遗传学的经典理论，他也成为现代遗传学之父。

通过上述的例子，我们不难看出假说的重要性在于验证它的根本方式是实践。并且，假说不仅仅限于科学这一门学科，各门学科都能利用“假说”发展，也都提出过一定的科学假说，从而得到一定的客观规律，完成逻辑论证的过程。像在天文学中，康德和拉普拉斯等人关于太阳系起源的星云假说，为后人探寻宇宙的奥秘做出了极大的贡献；还有在地质学中，我国著名的地质学家李四光就曾提出地质力学的假说、化学学科中关于元素周期性变化的假说等，都在人类逻辑的进步和完善过程起到关键性的作用。

古往今来，真正的科学理论是由某一个解释引发的假说进行合理验证的，人类的逻辑论证正是宣传真理、反对谬论的重要手段。所以，一般地说，假说往往是在研究某一种或者某一类现象时提出来的，这样假设性的说法更具普适意义，它的出身证明了提出假说的科学性。因为在生活中，我们提出的合理假说能够解释很多类似的现象，并通过论证用于指导后续的研究。

总之，提出假说是通向新的科学理论的必要环节和前提条件，也是人类开拓新的科学领域、打开科学宝库大门的密钥。它不仅是人类观察、思考和实验的结果，更是人类进一步观察、思考和实验的必备起点。因为唯有利用好假说这种手段，才能探寻现象背后的本质原因，鼓励人们大胆科研、小心验证。

当然，不是说只有科研人员能提出假说的科学方法，任何人只要遵循事实和证据，都可推论出通过经验检验的结论，这样的推理过程都可以说成在运用假说。

什么样的“假”，才是我们需要的

众所周知，假说对于推进科学理论的研究和客观规律的发展有着非常重要的作用。但在生活中，什么样的“假”才是我们最需要的呢？在寻找这个问题的答案之前，我们首先要了解什么才是“假说思维”。不同于普通的逻辑思维方式，大众普遍认为的“假性思想”就是在没有完全了解某个事物的特定规律之前，就根据现有的少量信息提出的假定性说法。在接下来的大部分时间，人们便开始进行验证或优化假说的工作。需要注意的是，这里所说的“假性思维”，不是仅仅只强调假说，也包括生活中的某些假设。人们常常把假说和假设的概念混为一谈，其实它们是两个完全不同的概念。在实际的逻辑论证当中，我们有时会需要“假说”，有时又必须面临“假设”的情境。

那么，什么是“假说”？什么是“假设”？从概念上看，假说只能称作科学理论在创建前期的一种大胆“摸索”，它本身还算不上真正的科学理论，因为真正的科学理论已经不能称为假说了；“假设”则是根据观测到的事实进行某种设定，它本身有一定的科学性，是科学理论最基础的部分，但也局限于没有发现观测事实的限定范围。因此，不管是假说还是假设，都不是真正的客观规律，有些“假性思维”并不适用于我们的生活，我们真正需要的“假”必须满足以下几种基本特征。

1. 科学性。首先，它不仅仅是科学研究上对客观事物的假定说明，也是关于事物因果关系的一种假定性的解释，必须存在一定的科学原理和事实作为依据。其次，我们强调的“假”还要对解决某些急需解决的科学研究问题提出大胆的猜测和尝试性的方案，因为只有真正实践于生活的“假”才能真正被创建为科学的理论。简言之，这样的“假”必然带有科学性的猜测或设想。

任何一种假说或假设的提出，都不是人们对生活的随意幻想，更不是和科学理论毫不相关的空想，它一定是人们以已认识并掌握到的相关科学知识或经验为前提，再以大量确实可靠的关于研究对象的事实材料和研究为辅助，按照科学逻辑的论证方法推理而成。

就像爱因斯坦提出著名的狭义相对论受启发于他16岁时做的思想实验，他是根据当时已有的实验数据才幻想能在宇宙中寻找一道光线。这在他的自传中也有记录。他推理出如果能够以和光同样快的速度在光线旁边运动的话，理论上来说，他应该能够看到光线的存在，并且光线会成为“在空间上不断振荡却停滞不前的电磁场”。因为和光线的速度相同，所以他成为光线相对静止的观察体，这就是爱因斯坦著名的狭义相对论。

2. 推测性。任何一种“假”都是在不完全或还没有充分经验的事实基础上推导出来的，所以我们需要的“假”同样带有一定的推测和导向性。它是还未经过实践检验的结论，也是尚存在疑问的思想形态。因此，我们强调的“假”在推测过程中要立足事实，但又不受客观事实的局限。在对未知对象提出大胆的设想时，要深入实践中寻求答案，这样才能不断推动人们去探索和突破现有的科学知识，真正有可能打开另一新的理论天地，获得意外的发现。

就像上述例子中的爱因斯坦，在当时，他根本不可能以光速和光线一起旅行，因为那需要无穷大的能量，就现有的理论来说，宇宙中根本没有这么多的能量让他推测假说的真实性。但是他可以大胆地根据理论去推测，假如他以光速去旅行，会看到什么呢？

理论上，他什么也看不见，因为根据他提出的相对论，这时候根本就不存在时间，因为相对运动，时间静止了。速度和光线一样，所以爱因斯坦和光线的运动开始与结束都在同一时刻，中间时间丝毫没有流动，也不会有变化。这中间自然没有发生任何事，不存在任何的运动和变化，爱因斯坦当然也不曾“看见”任何东西。

所以，我们不难看出，“假”本身的推测性让人类对自然奥秘进行有根有据的猜测，是人类洞察自然的能力和智慧的高度体现。

3. 导向性。科学的“假”使研究具有定向作用，是一种寻求真理的向导。既然假说是对未知的自然现象及其规律的一种科学的推测，那么，我们真正需要的“假”是人们可以根据这种推测确定自己的研究方向，进行有目的、有计划的观测和实验研究，从而避免盲目假设和被动强调自己的观点，也能够充分发挥“假性思维”的主观能动性和理论思维的作用。这样的“假”才能帮助我们在科学上有所发现，有所突破。

4. 多样性。科学研究中，对同一现象及其规律可以做出两种或多种不同的假性说明，以供人类比较和研究。所以，成熟的“假”

包括两部分：一是假定性说明的核心部分，二是它的推论部分。只有保持这样的多样性，假定性说明才能具有可验证性，那些无法验证的“假”并不能真正用于实践。

5. 过渡性。人类认识世界的过程是复杂曲折的，对假定性说法的检验过程必然呈现着复杂性和曲折性。有些预言一次或许就会成功，但这并不能证实它就是人类真正需要的“假”，只是在一定程度上证明或增添了它的真理性。当然，预言的某一次失败，也不一定能就此推翻“假”的说法，因为一个假说实际上总会和其他前提条件结合在一起从而导出某些预言。所以，即使是预言的完全失败，问题也可能只是出在这个假说本身。说不定随着历史的发展，那些曾经失败的科学假说也会随着时间的推移，在新的条件下“死而复生”。所以，我们需要的“假”的确存在过渡性，这是获得成功科学假说的必经之路。

总之，我们需要的“假”在很多情况下都不是百分百绝对的“科学”，因为科学的“假”强调的是对已经掌握的知识的总结，然后提出有可能是正确的、带有规律性的观点和想法。它需要可以解释已经知道的实际，还需要运用到实践中，用来证实和解释现有理论还不掌握的实际。只有真正通过实践证实这种“假”成立，才能说明这样的“假”是正确的，也是我们需要的。

恩格斯就在阐述马克思主义哲学基本原理的重要著作《路德维希·费尔巴哈和德国古典哲学的终结》中写道：“文艺复兴时期，波兰天文学家哥白尼在自己40岁时提出的日心说已经有300年之久，但一直是一种假说，这种假说尽管有99%、99.9%、99.99%的可靠性，但却始终只是一种假说；而当勒威耶从日心说所提供的数据中推算出了太阳这个行星确实是在太空中心的位置时，哥白尼的学说才真正被证实了。”

所以，我们需要的“假”不仅要在提出时可以解释已知的事实，更重要的是，它还可以对未知的或对未来的事实做出推论。它最终必须是能够被证伪的，不然只会因为制定得太广泛而变得普遍。这也意味着我们需要的“假”必须是有证据能反驳它们，换句话说，我们需要的“假”预测的未知事实应当可以被检验，但又不该受此时此刻的检验技术水平所限制。只有真正满足以上几种特征的“假”，才是人类不断观察、思考和实验的结果，也才能成为进一步观察、思考和实验的出发点。

大胆假设，小心求证

“大胆假设，小心求证”八个字是作家胡适先生从国外留学回来后提出的治学方法，至今影响深远。当时正处于新文化运动兴起的五四时期，各路哲学家、思想家纷纷参加“文化救国”的运动浪潮，胡适先生提出的“大胆假设”旨在倡导旧中国的人们要打破过去陈旧观念的束缚，挣脱封建思想的牢笼，这样才有可能大胆创新社会风气，对当时无法解决的问题提出新的假设；所谓“小心求证”，就是规范提出的新假设，指出它不是胡乱臆想的，是有所根据的，基于假设寻找事实进行论证。简言之，“大胆假设，小心求证”，是一种务实严谨的逻辑论证态度，不能有半点儿马虎。

从逻辑上看，这样的思考方法是有一定道理的。大胆假设，告诉我们认识客观规律要敢于创新；小心求证，则意味着任何结论都要建立在翔实的事实证据和严谨的推理之上。这样的思考方法其实适用于我们生活的方方面面。那么，该怎么“大胆假设，小心求证”呢？

首先，“大胆假设，小心求证”的第一步就是要大胆地去猜想，再积极而理智地实践自己的猜想，用行动证明自己的猜想是可行的。无数事实证明，成大事者无一不是那些一开始就抱有远大理想再积极努力去实践的人。

很多人认为马云现在的成功有一半要归功于他的大胆假设。他设想到了互联网的前景，看重互联网必然会引起新的时代浪潮。作为中国第一个敢吃互联网“螃蟹”的人，其实马云一开始的大胆创业并不被他人看好。1995年，他在美国西雅图第一次接触互联网时，便很快被其吸引。虽然那时候的互联网即使身处经济发达的美国也没有什么影响力，但心思细腻的马云却嗅到了互联网的商机。他大胆地对互联网的前景进行假设，认为互联网在不久的将来必定会改变人类生活的方方面面。因此，他回到国内便积极创立了互联网公司，还将互联网应用于商务贸易领域。结果证明，马云的大胆猜想和积极实践造就了他的商业帝国梦想。

其次，要不断大胆地为自己的设想开启思路。虽说小心行事才能铸就成功，但任何成功最初都源于一个思路。任何大胆的假设必定建立在对客观事实有一定了解的基础之上，所以我们想要拓宽思路，就必须丰富自己的知识面。只有认知层面有所提升，我们的大胆假设才不是随口乱说的胡言乱语，而是有一定的理论支撑。

数学家高斯说过：“没有大胆的猜测就没有伟大的发现。”所以，我们除了要注意以上两点之外，还要在小心求证的过程中抱有严谨的态度。因为无论什么样的大胆假设，都必须小心求证才能坐实。我国数学界的巨匠华罗庚19岁时就曾大胆地质疑数学领域的权威，并在论文《苏家驹之代数的五次方程式解法不能成立之理由》中写出质疑点，最后这篇论文发表在上海《科学》杂志上。正因为他严谨小心的求证态度，他被清华大学破格聘任，最终成为清华大学数学系的教授。

正因为具有这种不畏权威、大胆钻研的科学精神，他不仅在数学上刻苦求证，还曾对唐代著名边塞诗人卢纶的名作《塞下曲》一诗提出质疑。卢纶诗原是：“月黑雁飞高，单于夜遁逃。欲将轻骑逐，大雪满弓刀。”华罗庚对此作诗反驳说：“北方大雪时，群雁早南归。月黑天高处，怎得见雁飞？”他认为这个季节北方不会有雁群，所以卢纶的诗应该带有想象的色彩。后来，华罗庚又咨询了不少专家，才明白原来是塞外的气候变幻莫测，雁群是有可能存在的。虽然他因为没有亲身观察所以体验不够，有了错误的判断，但不能否认他对小心求证精神的践行。这是非常值得肯定和赞扬的行为。

最后，大胆假设强调假设时想象力的重要性，但这并不表示可以不尊重客观事实，小心求证正是将理论进行实践的过程。当我们把自己的假设比喻成臆测或想象力的成果时，我们必须强调这些假设建立在客观事实的基础之上。只有我们仔细观察，了解了想要解释的现象后，才能对其解释做出有价值的大胆臆测。我们知道，一个人如果没有相当的知识储备，是提不出好问题的。因此，我们的脑子里必须先有大量的事实依据，才可能让自己的假设有被考虑的价值。

所以，“大胆假设，小心求证”地提出一个科学的理论，既要求我们有信手拈来的想象力，也必须有足够多的耐心与毅力去小心地求证和演绎出理论的最终结果。只有真正将其结果与事实做对比，我们的假设才有意义。有人说过：“做假设容易，找证明难。”但要知道，如果你的假设不够大胆的话，是很难有新的发现的，因为千篇一律的假设只会给人一种证据不充足的感觉，无法使人相信。

1965年获得诺贝尔物理学奖的美国物理学家费恩曼就十分认同“大胆假设，小心求证”的论证方法。他曾十分直白地说过：“一般来说，人类在寻求新定律时通常的做法大多如下：第一，先做臆测，也就是‘大胆假设’的过程，接下来才会把这个臆测的结果拿来计算，进行‘小心求证’，看臆测出来的定律是否正确，其结果如何，最后才会把计算结果拿来跟自然实际做比较……看它是否符合客观实际。”

从上述的例子可见胡适的“大胆假设，小心求证”对于逻辑论证是非常重要的。即使在当时对某些人来说，是难以理解的肤浅理论，但后来诺贝尔物理学奖得主费恩曼都说这就是他研究物理的方法，我们还怎能不对这八字箴言引起重视呢?

在实际生活中，大胆假设还可以根据自己的感情或以利益为出发点，随意提出观点；至于小心求证，就是将无法量化的理论，根据预设的观点取舍材料和进行实践。当然，在这个过程中，我们很可能会因为感情而对材料有不同的理解，但这并不能否认“大胆假设，小心求证”的适用领域非常广泛。

总之，在任何一个领域，科研要有科研的精神，文人要有文人的气质，其他学科也一样，不管我们研究哪类学科，都要“大胆假设，小心求证”。只有这样，才能遍开科研理论之花，广结文学哲理之果。一方面，“大胆假设，小心求证”的论证教会我们不必崇拜任何一种权威，因为不膜拜权威是思想解放和开拓创新的基础；

另一方面，对于通过“大胆假设，小心求证”得出的具体观点，如果是自然科学领域的，可以考究其推演过程和实验结果，发现新的理论。

虽然“大胆假设，小心求证”是基于最朴素的逻辑进行推演，但如果假设的前提条件正确，只要小心求证，就会有得出正确结论的可能。要知道，只有正确、大胆地假设，才会有正确的思想碰撞，找到正确的前进方向。

归纳与类比：假设的来源

生活中，有人会在同一个地方摔倒多次，有人却能“吃一堑，长一智”，绝不会再犯同样的错误；有人能够轻松做到“一叶知秋”，有人却完全搞不明白什么叫“举一反三”。其实，做不到这些的人不在少数，归根结底，它都跟我们是否学会了运用归纳与类比这两种推理方式存在很大的关系。那么，归纳与类比在我们的生活中到底扮演着怎样的角色呢？其实，归纳和类比在我们探求事物的因果联系和事物现象间的规律中起着非常关键的作用，甚至它们还能作为客观世界“假设”思维的来源。学会了归纳与类比，也就意味着叩响了创新思维的大门，可以帮助人们发现新的规律。

在很多人的固有印象中，归纳、类比与假设三者之间看起来毫无关系，那为什么说归纳与类比是假设的主要来源呢？不知你是否有过这样的感受：当我们遇到一个新问题，特别是一个比较棘手的问题时，通常会想要从问题的一个点去突破，或是想找找同类型问题的解决方案再慢慢下手，这其实就是归纳与类比思维。从含义上说，归纳思维就是从个别性的事例论证到一般性规律的推理形式。它是根据某类事物的部分典型特征，推出这类事物的总体性特征。类比推理则是将两个不同的对象放在一起比较，根据这两个或两类对象在某一系列上的相似属性，从已知其中一个对象具有的其他属性，推断出另一对象也同样具有的相似的其他属性。

可以说，这两种推理方式的结合就是为了更好地探寻各种事例之间内在的相似性。运用得当，不仅能帮助我们学习和理解这些推理手段蕴含的规律原理，还能在此基础上提出新的假设，帮助提升客观规律在新情境中运用的灵活性。它们也是人类最基本、最常用的推理方式，是人类认识事物、了解规律的常规手段。可以说，假设的提出，恰好就是这两种推理方式的融会贯通。

就比如说，假如你回到一百多年前，想要发明能跑的汽车，首先应该考虑单纯地把马车换成内燃机驱动的汽车，思考它们之间的共同特征以及相同属性、现存的问题，再提出研究性的假设：怎样通过归纳与类比当时已知的条件，提出创造汽车的假设。当然，普通人如何做到这一点是关键。在生活情境中，可以很好地做到运用归纳与类比的推理手段来提出假设。

首先，在需要解释一种新的事物或者观点时，我们要学会把这类新事物类比为一个人们熟悉的例子，在此基础上提出假设，这样你的观点会更有说服力。因为你的假设是从一个或者一些已知的命题上得出新命题，你的思维过程或思维形式肯定具有一定的借鉴意义。

科学史上就出现过令人印象深刻的例子：开普勒的万有引力定律一经提出就引得一片哗然。它不仅成功地解释了行星会按照一定的椭圆形轨道运行的原理，还从太阳光芒强弱程度变化的类比中获得启发：光线照得越远，强度自然会越弱，以此类推，万有引力中力的大小亦是如此，会根据距离有所变化。虽然这个思路现在看起来已经非常容易理解，但在当时可不是他一拍脑袋灵光乍现得来的。事实上，开普勒潜心研究天体多年，才逐渐类比和归纳出光线与万有引力之间的关系，然后在此基础上提出万有引力定律的假设，并用这样的假设解释行星按照特定椭圆轨道运行的原理。

可见，一个好的假设绝对离不开人们对已存规律的归纳与类比，只有经过研究者的反复归纳和仔细推敲再类比，才能提出有事实依据的假设，让学习者从已知事物出发，自然地构建通向新事物的假设桥梁。所以，这样的假设来源让假设本身能自带研究者对以往研究的综合验证，然后在此基础上再结合自己的经验和能力，对所研究问题进行预先的判断和假设性的构想。

其次，在提出假设之前，研究者需要提供两个或者更多的具体实例，让学习者准确探索其中共存的深层结构与规律。这样，我们才能更好地从事物的不同角度得出更科学的假设。有研究证明，这种提出假设的方法会让假设效果极佳。它不仅能让学习者在归纳和类比的过程中自行发现事物的深层规律，还能有具体的实例可供参考。这远比用长篇大论的规律说明去提供现成的假设要有效得多。怎么去理解呢?

研究人员为了了解人们关于解决癌症放射性治疗问题的想法，举了一个实例让人们思考：一位肿瘤病人需要放射治疗，如果想消灭深藏在人体内的肿瘤细胞，那么就需要使用高强度的射线杀死癌细胞，但是这么做的话，病人体内被射线穿透的健康细胞也会一同被杀死；如果为了保护病人体内健康的细胞而削弱射线强度的话，又完全起不到治疗的效果，那么医生该怎么决定射线的强度呢？乍一看，是不是很难做出选择？所以，研究人员为思考这个问题的人们提供了别的实例。

其中一个例子：一位将军要率领军队攻打敌人的城池，那么他必须兵分几路从不同方向进攻，因为如果让全部士兵都朝同一个方向进攻的话，不仅会压垮护城河上的大桥，还容易被敌人从后方包抄。

另一个例子：消防员想要扑灭一场大火，该怎么分配水力。如果让所有消防员的水枪都朝着同一方向喷射，那么水枪巨大的反作用力会使消防员的身体承受不住并难以控制水枪；如果消防队员用好几把水枪从不同角度喷水，则能保证灭火的同时又把反作用力控制在合理的范围之内，从而威胁不到消防员的安全。

看到这里，想必你一定已经知道了最上面那个问题的答案，所以你可以大胆地提出假设：医生可以从不同的角度同时用强度较弱的射线集中照射肿瘤细胞，这样既可以杀死癌细胞又不会伤害健康的细胞。由此我们不难发现，通过实例自行总结后提出的假设，其最后的效果更具优势，效果也更为显著。

所以，不管是归纳还是类比的推理手段，都能够帮助我们在提出科学假设时打开思路，更好地提升假设的灵活性。因为很多时候，人们想要提出假设时，还是会过度依赖事物的表面特征来做判断，这样的假设显然是不合理的。只有通过归纳和类比，才不容易忽略事物中蕴含的深层关系，因为运用归纳与类比后提出的假设，不再是孤立的假设性观点，而称得上系统学习后的结果。

只有弄清事物之间的异同，我们才能科学地提出假设，帮助我们在提出假设的过程中了解和挑选优质事物的标准，强化对目标概念的深入理解。

初始假设和最终结论的关系是什么

在乐观主义者看来，要想进行一项科学事业的研究就好像是在剥洋葱。他们虔诚地相信:只要假以时日，人类总能揭开层层屏障，揭开自然之谜。他们也喜欢猜测自然这个“大洋葱头”的核心究竟在哪里，本质是什么。所以，他们在不断的研究中提出自己的假设，常常会踌躇满志地认为自己的假设就是最终的结论。

但实际上，那些假设充其量不过是一个时代的简单验证，要想把握科学的研究，就要明白一般的研究过程通常有哪几个步骤。一般来说，大多数人认为包括提出问题、确定关键变量、形成初始假设、收集相关数据、检验假设、形成结论、提出新问题等环节，其中形成初始假设对于最终结论来说是关键步骤。关于初始假设，学者们普遍认为当一个命题能够到达用实证去检验这个过程时，这个命题就变成了最初的假设。这样的假设作为一个陈述，具有临时性和探索性。所以有人认为，从理论上说，凡是没有经过科学验证的观点或命题，都属于初始假设。

在现实生活中，当我们思考一件事情时，大多数人通常会在得出我们自认为比较“客观”的最终结论之前，把初始假设当成一种结论。因为在人类的潜意识里会不自觉地对这样的初始假设产生信任感，从而早早地在脑海中预设一个结论和判断。所以，“假设”提出之后的所谓“思考”，其实只是潜意识里将这个假设和判断叠加我们的事实证据，以证明我们的判断是正确的而已。可以说，初始假设与最终结论的关系从一开始就显得比较密切。事实证明的确如此，越来越多的科学家认为初始假设的正确与否会直接影响最终结论的正确与否。如果一开始就有较为科学的初始假设，那么最终的结论也不会偏差到哪儿去。初始假设对最终结论有着较大的影响力，二者的关系很难用几句话来说明。

怎么解释二者之间的关系呢？从定义出发，假设是基于现象和结果提出的一种没有经过验证的说法或陈述。什么是结论呢？即在经过多重事实研究和资料验证的情况下得出的客观规律，也是对初始假设的判断。通常，我们会认为假设无所谓对错，但结论一定是有对有错的，所以二者的关系是辩证统一的。可以说，有了初始假设，最终的结论才有可能被提早论证。

例如，我们在解决一些较难的数学问题时，一开始会用到假设，它在数学思维中是一种很重要的方法。比如，对于“鸡兔同笼”这个经典的数学题，我们解答这种问题的关键就是一开始假设笼子里的动物都是兔子或者都是鸡，然后作差，最终求出兔子和鸡的数量。从这个小小的例子就可以看出来，只有先将问题的某些条件假设为成立，才有可能较为简便地把题解答出来。所以在数学思维中，建立初始假设对于得到最终结论是一种很重要的方法，因为有些应用题我们无论从条件出发用综合法解答，还是从问题出发用分析法解答，都很难求出答案，但是如果我们合理地建立一些假设，问题往往就能迎刃而解。

当然，建立初始假设这种方式在解决现实问题时也绝对适用，因为我们解决问题时通常是先根据现有情况或现象进行研究和分析，然后提出一个或者多个初始假设。这些初始假设正是最终结论的出发点，它是收集更多事实或资料的前提条件，不然我们的验证过程很容易像无头苍蝇找不着北。只有建立了假设，我们才能采用相应的科学研究方法来验证这个假设的成立与否、正确与否，之后才会形成基于一定事实的最终结论。这样说来，初始假设对最终结论起着导航、引领的作用。

著名研究方法专家科林格认为：初始假设的对错在科学研究中甚至比最终结论本身还要重要，因为有些假设一时是无法被现在的科研理论所证明的，但这样的初始假设却能成为丰富知识的有力工具。

例如，1859年，法国天文学家勒威耶发现，在水星的近日点观测到的实际进动观测值，比根据牛顿定律计算出的理论值每百年要快38角秒。于是，他大胆猜想并提出假设，是不是在水星轨道以内还存在一颗小行星，正是这颗小行星对水星的引力作用导致两者数据出现偏差。可是经过多年的搜索和研究，他始终没有找到这颗小行星存在的证据，所以也得不出最终的结论。直到1882年，加州大学物理学家纽康姆经过重新计算，得出水星近日点的多余进动值应为每百年43角秒，之所以存在偏差，有可能是因为水星周围发出黄道光的弥漫物质使得水星的运动受到阻力。但是这样的假设也解释不了为什么其他几颗行星会有类似的多余进动。所以，初始假设虽然让他们在研究领域有了非常重要的发现，但确实不能在第一时间得出最终的结论。不过，在这样的情况下，初始假设也比最终结论更具意义。

所以，要想得到能够推进科学进步的理论，创造出新的客观结论，必须有科学的初始假设，人类进步显然离不开这些初始假设的力量。因为假设在研究中的作用举重若轻，它会直接影响到检验过程，所以对于最终结论来说，初始假设非常具有必要性。久而久之，人们就形成了"实证研究就是在检验假设"这一普遍看法。由此看来，最终结论是离不开初始假设的。

那么，如何建立科学的初始假设，帮助我们得到最终正确的结论呢?

首先，在人类进行科学研究的过程中，要想形成假设，前期时需要大量地收集和分析资料，这是形成一个假设的关键环节。因为假设的成效是受前期准备工作决定的，会直接影响到最终结论，甚至会对研究结果的质量和水平具有决定性的作用。一项研究的最终意义，在很大程度上取决于初始假设的潜在价值，它对研究数据的利用价值起到指导作用。

其次，初始假设的创建需要我们放下包袱，坚守理想，因为任何一个问题的结论都必须经过漫长的探索和修正。在这个过程中，我们必须常常思考那些问题的初始假设，才能不忘初心，更多地接地气地去认知社会、认知环境，不被后来的包袱所累。

有时，有些实验的最终结果否定了最初假设，但这恰恰也是初始假设的作用之一。在善于思维的人看来，所谓失败就意味着引导他还要做其他的观察，对他的假设进行修正，这对于最终结果只有利没有弊。因为实验失败才会显现出新的问题，才能早日摒弃旧问题。对于最终结论来说，没有什么比充分认知失败的试验结果更有益于训练有素的思想者了。

人类社会的发展是需要假设的，实证研究就是要检验假设的正确性才能得到最终的结论。所以，所有的实证研究都应该有初始假设。为什么这么说呢？其实，科学方法的真正作用，不在于其是收集资料或者运用分析资料的具体方法，而在于如何证明研究者的观点或命题，用什么逻辑来证明自己的观点或命题。因此，我们更应该重视那些根据现有的科学理论和事实形成的假设，对所研究的对象设想出一种或几种可能的答案和解释，得出最终的实验结论。

常见的学科假设

生活中，当我们努力想说服一个人的时候，都会尽量拿出一系列的理由去论述自己的观点，也就是想要用理由和结论相辅相成的方式构建一个完整的说法。但是实际上，那些表面上明说出来的理由并不能很好地支持自己的观点。有些内在的、带有学科性质的观点和假设会更具有说服力，它会为我们的想法提供一个无形的坚固结构，使得我们的观点有理有据，这其实就是学科假设在生活中的运用。因此，想要让自己的观点更容易被他人接受，就需要我们理解生活中常见的学科假设有哪些，这些学科假设对于逻辑论证又有怎样的重要性。

常见的学科假设是对各种学科问题结论及情况状态的一种假设性说法。它可以从各种科学研究的理论或文献中产生，也可根据研究者的思考从现有的社会现状和收集到的资料中产生。不同于一般的假设，学科性假设一般带有一定的科学性，会有确切的理由支撑这些假设的说法，因为它们一般是基于某种理论或事实依据而产生的。对于提出这些学科假设的研究者来说，这些假设基本都可以被检验论证。更重要的是，学科假设一般聚焦在各个领域和学科研究中的具体问题上，而不是生活中那些泛泛而谈的假设。比如，常见的学科假设有经济学领域中的理性人假设、哲学中康德的自由意志假设、社会学中人性假说理论之“社会人”假设，等等。

首先，经济学领域中的理性人假设。

经济学作为对普通人有一定门槛的学科，其实是十分有趣的，影响着人们生活的方方面面，大到国家的宏观调控和货币供给，小到菜市场里的物价。想要了解经济学并不难，想要系统地学习经济学也不难，不过想要研究经济学就很难了。要了解经济学，首先要了解经济学大厦最基础的假设——理性人假设，没有它，整个学科都会摇摇欲坠。

经济学里，理性人的假设，全称为“合乎理性的人”或者简称“经纪人”的假设条件。这个理论认为，每一个从事经济活动的人都是利己主义者。也可以说，每一个从事经济活动的人采取的经济行为都是力图以最小的经济代价获得最大的经济利益，也就是以最小的代价换取最大的利益。西方的大部分经济学家认为，在任何经济活动中，只有这样的人才是“合乎理性的人”，否则就是非理性的人。理性人假设，最早起源于亚当·斯密，他是英国著名的享受主义哲学家和经济学家。他的关于劳动交换的经济理论认为：人的本性是懒惰的，必须加以鞭策，人的行为才会有动力来源。理性人假设的基本前提就是，人要追求个人效用的最大化，改变人的惰性。理性人假设认为人原本就是有自利性的，人人追求的都是效用的最大化、自我感觉满足程度的最大化，这其中既包括物质层面的，也包括精神层面的。

一个非常简单的例子，任何工厂在生产前都会计算自己的成本与收益，理性人假设认为如果人是理性的，厂商一定会重点关注自己的边际成本是等于边际收益产量的。但如果人不够理性，没有追求自己的最大利益，厂商无法确定自己该如何定价，自然无法投入生产和产生效益。这时厂商的行为就会变得无法预测，经济市场必定出现混乱，因为厂商的生产活动无法建立起一套逻辑可行的理论，人们在面对生产时肯定会束手无策。所以，理性人假设作为经济学的基础理论，它的提出意味着人们的行为最终是可预测的。

其次，哲学中康德的自由意志假设。

自由意志假设在康德哲学中占据核心的位置，康德甚至将自由意志假设当作他整个哲学体系中的“拱顶石”。康德对自由意志假设的思考几乎伴随他哲学思想生涯的始终，在处理自由问题的不同面向时，在不同的理论境况下思考和阐述了自由的概念。他认为：真正的自由意志是指人在道德实践意义上具有不受自然规律的束缚，还能摆脱肉体本能上的限制，从而真正按照自身立法行事的自由意志。

实际生活中，人在理性作用下在对象方面建立了自然界的必然规律，但也因此使自身的自由意志受到某些方面的限制。所以，康德的自由意志假设就意味着人的同一理性在实践中能够不受自然规律的束缚，按照人自身一贯的自由意志行事。那么，相对来说，人在一切自然必然性面前仍然是完全自由的。比如，有些人完全可以不按自然规则办事，虽然他的内心很清楚他本来应当怎么做，而且只有那样做了，他才是真正的自由人。这种自己为自己所定的规律，就是自律，用现在的话来说就是：自律即自由！

用康德的话来说，人类是与自然物品，如石头、板凳这些事物不一样的存在物，最大的不一样就在于人是绝对自由的。因为石头、板凳这些物品只能遵循自然法则而存在，人可以为自己确立行为的法则。所以，在康德的自由意志哲学中，它首先是对自由给出了一个先验的假设性说法，也就是他说的“先验自由”。人虽然受到自然规律的影响，但并不是完全听命于自然法则的。

最后，社会学中人性假说理论之“社会人”假设。

人性假设理论中“社会人”假设的基础就是社会学中的人际关系学说，“社会人”又称为生活中的“社交人”。这一假设最早来自美国著名心理学家梅奥教授主持的霍桑实验，这是心理学中关于人群关系运动的实验。梅奥教授认为，人作为“社会人”，是有思想、有感情、有人格的，不是没有思想的机器和低等动物。每个人作为生活在复杂的社会中的成员，金钱和物质虽然对其积极性的产生具有重要影响，但是起决定性作用的因素并不来自物质，而是人类在群体社交或工作中发展起来的人际关系。

也就是说，“社会人”假设认为社会性需求的满足往往比经济上的报酬更能激励人们。人们只有在长期的社会性活动中不断建立良好的社交关系，才能在顾全群体利益的时候，保障自身的个人利益。正是基于此假设，很多公司和企业开始强调除了应完成的工作目标外，更应注意从事此项工作中员工的人际要求，即除了要良好地指挥、监督员工的工作之外，还应重视员工之间关系的培养和形成，让员工对企业有归属感和认同感。与此同时，不应只注意对个人的奖励，还应提倡集体奖励制度。这种假设的提出，无疑使社会关系的发展前进了一大步。但我们必须认识到，在不同制度的社会中，人们的社会需求是有所区别的，因而这种假设也存在虚伪性的一面。对于社会人来说，人的思想和行动更多的是由感情而不是逻辑来引导的，在社会生活中重要的是人与人之间的合作，而不是人们在无组织的人群中互相竞争。

科学的假设对于很多领域的科学方法来说都是其最初的基石。许多人将假设的作用描述为一种基于先验知识和初期观察的有根据性猜测，归根到底，其最基本的思想就是没有预先确定的结论。一个假设如果想要被称为科学的假设，它必须是可以通过精心设计的实验论证或是观察证明来支持或反驳的东西，对于任何学科的理论发展都具有重要的作用。

>>> 第七章

逻辑学为什么不是万能的

逻辑说服不了不愿被说服的人

逻辑是思维的法则与规律，即便你在基于正确规律的情境下使用逻辑，也一定是有所能也有所不能的。你要知道逻辑是有它的使用界限的，明确使用逻辑能做什么，不能做什么，它的使用范围究竟有多大。

比如说，一名作家在文章里写道，“这个水蜜桃看起来十分诱人，想必吃起来定是香甜可口”。这时你不需要跟这个作家说他写的文章没有逻辑，水蜜桃甜不甜你要吃过才能判断，因为作家写文章肯定是以感性为主，他断然不会仅仅用逻辑去写文章。现实生活里，不少人是从自己的感性出发，然后给出一套符合自己利益的“理性”说辞。

我们应当摆正心态，即便你觉得讲逻辑是我们为人处世十分重要的手段，大家都应该遵循逻辑去做事，但实际上，每个人在现实中都会遇到用逻辑解释不通的情况，比如工作态度好，能力好，结果好，却没有评上优秀。这种例子从逻辑上看是解释不通的，但背后可能有更多人性的因素：一种是这个好是自己觉得好，不是公司要的好；另一种是这些好不是全部好，比如跟领导关系不好，跟同事关系不好，给未来留下很多隐患等，都会影响评优结果。总体来说，逻辑之外还有人性、理性、非理性。你就算变成一个能预知未来的拉普拉斯妖怪，也不能像推导公式一样，让一个不爱你的人爱上你。

当我们说逻辑的时候在想什么呢？一般我们说的“逻辑”，指的是逻辑学中的“形式逻辑”，而形式逻辑中也有一些既定的逻辑公式，只要是按照逻辑公式进行的推理，都可以得出合乎逻辑的结论。这里强调的是，形式逻辑只能解决推理的有效性问题，不能解决陈述是否为真的问题。每个人所能看到的范围，只是他的认知范围而已。有些人的认知范围就局限在某个范围里面，再宽再远的世界他就见不到了，也没办法感应，更没有办法去理解。所以，即便你用最正确的逻辑学公式去说服对方，他也不会相信你的结论。他们不愿意遵循逻辑公式，主要体现在对一些现象、问题的本质不进行深度探究，也就无法分析事物的前因后果，无法判断、认识事物的本质。

有些人使用逻辑的过程就是按照规律办事的过程。在这个过程中，在双方认知正确的情况下，你可以使用逻辑达成目的，因为他也遵循你的逻辑规律。实际上，对方有可能将一些风马牛不相及的事物强行建立联系，打乱你的逻辑规律，让你无计可施。如果你的表述逻辑清晰、自洽、完整，与你沟通的人会无言以对。因为对方对于构筑语言逻辑的概念与你的理解不同。我们的语言是由各种概念构成的，当对话双方的概念理解不在同一纬度里，认知不在同一水平线时，会出现谁也说服不了谁的窘境，这时你的唯一选择就是果断停止交流。古代的大思想家——庄子，他一生经常与人辩论，探讨文化交流，但是他却说：大辩不辩。因为对待有些不愿被说服的人，唯有沉默才是最好的方法，无意义的逻辑争辩只是自我消耗。

西方著名的人际关系学家卡耐基在一本书中写过自己的一个小故事。一天，他受邀参加一位学者朋友——加蒙的聚餐。在吃饭的时候，一位客人为了活跃气氛讲了一个幽默风趣的笑话，并在当中引用了一句话，他说是引用了《圣经》的句子。然后，耿直的卡耐基当面说那句话是出自莎士比亚的作品而并非《圣经》。但是那个客人并不相信，坚持认为是《圣经》，然后卡耐基和客人争论不休，最后请来加蒙先生调解，因为加蒙先生深入研究过莎士比亚的作品。加蒙听完后，他在桌子底下轻轻踢了下卡耐基的鞋子，然后赞同了那个客人的观点，这场争论就平息了。

聚餐结束客人走了后，卡耐基问加蒙为什么要这么做，卡耐基说自己可以说服对方的，加蒙却这样告诉卡耐基："为什么一定要说服对方？他并没有征求你的意见，也不要你的意见，那你为什么要同他争辩？"卡耐基听完后，也明白了。大家的见识根本不在一个层次上，有什么好争辩的？你不可能用辩论击败无知的人，即使可以"服人之口"，也未必可以"服人之心"，更谈不上谁拥有绝对的真理，因为对方的认知和你的根本不一样。

很多时候，我们会遇到这种用尽力气都无法说服别人的情况。这时候，我们首要做的不是跟他大谈特谈逻辑，谈逻辑在这里是行不通的。你千辛万苦找了上万条论据材料和明摆在眼前的事实都说服不了这个人。这是为什么呢？说服人的逻辑需要满足一个前提条件——双方都能够理解并熟练运用逻辑这种工具。对于不相信逻辑的人，你试图以理服人，就会像秀才遇到兵，对方的思维会不断跳跃，即使逻辑上不成立，他也会毫不在意。

我们要清楚了解到逻辑学的某些局限性：第一，理性的逻辑辩论只能发生在精英群体之间，只有逻辑相当的人才能相互沟通，否则彼此之间的沟通只能变成一场面红耳赤的争吵，甚至是泼妇骂街一样；第二，逻辑只是我们大脑的思维过程，那么你能说“思维过程是万能的”吗？显然，这是不现实的。

基于每个人的成长经历、受教育水平不同，特别是视角不一样，对于事物的理解是不一样的，因此逻辑很难说服不愿被说服的人。但就沟通而言，特别是和自己在乎的人，除了逻辑学，还有其他更好的选择，比如动之以情、晓之以理，最重要的是选择符合对方的语境去沟通。

斗嘴时，越不讲逻辑越厉害

我们都知道，逻辑思维训练有助于培养一个人的思辨能力，擅长辩论的人的逻辑严谨，充满批判性思维，因为利用好逻辑学更有助于在辩论赛上获胜。那么，人们也理所当然地认为，在现实生活中，逻辑好的人，思辨能力强，应该更能言善道，跟人吵架永远占上风。其实不然，逻辑确实能解决很多问题，但需要注意的是，不是用逻辑提出的问题，就无法用逻辑解决，用逻辑去吵架斗嘴，反而往往落了下风。

逻辑，根据汉语词典的解释，即思维的规律或客观的规律性，逻辑的最基本特征就是条理。还有个单词是“不可理喻”，就是跟某人没有办法讲道理，不讲逻辑就是不讲条理，不讲条理就谈不上讲道理，因此在争论的时候遇上不讲逻辑的人，不可理喻。

参与一些问题的讨论时，需要的是理性和逻辑，但是现在许多人在和你争论的时候，通常只是表达自己的观点，而在表达的过程中还隐藏着许多推理漏洞。他们反驳你的时候，并不是针对你的论证过程去探讨，而是直接反驳你的观点，也不会说清自己观点的依据是什么。这种情况下，任何讨论都是无意义的，只能算是争吵，因为真正的讨论需要从双方的逻辑思路入手。

运用逻辑学的人，他的思维会沿着提问者的论点去阐述自己的观点，接着就此论证。例如，我抛出一个问题："这个明星品德不行，你觉得呢？"有逻辑思维的人的否定回答一般是："不，我觉得他的品德蛮好的，比如某某事件，这个明星当时是如何处理的。"他会通过举例论证自己的观点。而逻辑不清、思维混乱的人则会给出"他品德不好，难道就你的品德好？某某明星又如何"之类的回答，这其实属于偷换概念，因为他没有就你的论点阐述观点，而是把"该明星的问题"转换成"你或者其他明星的问题"。当然，更多的可能是他也不知道自己犯了逻辑学上偷换概念的逻辑错误，只是单纯地胡搅蛮缠、回避问题。

然而，思维规律非常清晰的人，是透过表面问题去看透本质问题。就像上面的那个例子，该明星品德不行，是什么原因让你觉得他的品德不行，是他某一次室内抽烟被狗仔拍到，让你对他的阳光形象产生认知偏差，还是他吸毒实锤，从道德层面已经绝然无法原谅。但如今网络上有许多"键盘侠"，他们十分擅长使用不讲逻辑的路数发表自己的意见，和他们争论几乎都是白费力气。

在吵架的时候使用逻辑学，只能让你处处受限。因为不讲逻辑的人，很容易就能攻击到你。举个例子，A君说"国家应该投入更多的预算来发展教育事业"，B君则回答"想不到你这么不爱国，居然想减少国防开支，让外国列强有机可乘"。B君就是为了让自己的观点更加合理，从负面的角度扭曲了A君的观点。

还有一种情况更加常见，就是在争吵的过程中掺杂情感因素，不讲逻辑的人会通过试图操控别人的情感来取代一个有力的论述。

比如说，你和别人争论人类吃肉是否恰当的这个问题，对方直接愤愤不平地教训你："你怎么可以吃小动物呢，小动物就像小孩子一样，它也有父母的，你忍心伤害小孩子吗？"在逻辑学当中，这是一种非常低级的逻辑谬误，但在争吵的时候却十分有效，因为每个心智健康的人都容易受到情感波动，所以你被骂了后可能什么也说不下去。

即便在争吵时对方的观点已经被证明是错误的时候，由于每个人都不喜欢被证明自己是错的，所以他们总会想办法给自己开脱。我们都知道特例是不能用来证明普遍的观点的，但碰上不讲逻辑的人却根本不会在意这个。

有的人不讲逻辑，是因为他本身有自知之明，知道自己是无理的一方，于是只能选择推卸责任，耍无赖，撒泼泄愤。对方心里很明白你争吵的点是什么，所以你说东，他扯西，你谈道理，他扯人身自由，这种人是摆明了不想跟你谈逻辑。还有些人不讲逻辑，是因为他没逻辑可谈，他对事物的因果逻辑一窍不通，思维是一团乱麻，所以你跟他辩论，等同于对牛弹琴，鸡同鸭讲，只能放弃争吵。

逻辑只是形式科学的一部分，是描述这个世界的思维工具，它可以在自己的领域发挥重要作用。但是，它并不能呼风唤雨，无所不能。比如跟小孩聊天，聊天内容天马行空，不合逻辑，但本身却是理性行为。逻辑不能解释你的女朋友为什么突然心情不好，和女朋友吵架更加不能使用逻辑；逻辑也不能解释为什么越南队赢了中国队，更不能解释为什么对方球迷要蛮不讲理地和你吵架。因为逻辑研究的是概念的关系，但概念永远是有弹性的，如果把逻辑严格比对真实世界，总会有考虑不周全的地方。

逻辑用来证伪是完备的，用来证明却是不完备的。用专业语言说，哥德尔证明了一个自洽的逻辑体系（哪怕只是一阶谓词逻辑），总是会存在不管逻辑是否万能，不讲逻辑肯定是万能的。不讲逻辑的话，真假就无区别，不万能就等于万能，所以无论万能不万能都是万能的，也就证明了不讲逻辑是万能的（同时也是不万能的）。因此，逻辑虽然强大，但能覆盖的场景有限，很多问题的答案不是唯一的。如果逻辑是万能的，那么悖论是怎么存在的？而且，悖论的逻辑很容易说得通。综上，除了逻辑，还有人性、文学，甚至玄学、心理学等，包罗万象，多姿多彩，人生才有意思。

“混蛋逻辑”你赢不了

许多人有自己的一套逻辑，即他们行为处事的自我准则，看似有理有据，实则颠倒黑白，俗称“混蛋逻辑”。生活中，我们总会碰到各式各样使用混蛋逻辑的人，他们或者是无知愚蠢，或者是自私自利，总是喜欢用一些混蛋逻辑和我们理论，并对我们造成伤害。一旦碰上这种混蛋逻辑，你往往也无可奈何。

混蛋逻辑中，最常见的就是把一件客观的事情转变为道德层面的，把理性转化为仁义道德，利用周围环境对你的心理进行压迫的行为。并且，现在的人们常常有一种潜在的混蛋逻辑：因为对方看起来是一个坏人，所以连对方享受公共道德的权利也一同被剥夺了。这是一种用“诉诸厌恶”取代“道德规范”的现象。无数的人举着道德的旗帜，行着苟且之事，表面上在捍卫真理，实际上不过是维护自己的态度和立场。然而，他们通过情感、道德来调动身边的人，对你发起攻击。一旦你和他们据理力争，反而容易让自己陷入不道德的境地。所以遇到这种人，除非你混淆是非的能力同样很强，不然还是远离吧。

亲近关系中也会存在混蛋逻辑。比如说，亲戚朋友找你借钱，而你也手头拮据表示难以给予帮助的时候，他们就会利用混蛋逻辑，即利用你们之间的情谊逼迫你借钱给他。

比如他会说："我们十几年兄弟，问你借点钱都不行吗？你还当我是兄弟吗？这种逻辑实际上是利用情感来要挟对方去做某件事情。这种事在亲密关系当中最常见，对人的心灵伤害也最深。爱太伟大了，这种以爱之名的混蛋逻辑绑架就显得无比光明正大，不容置喙，好像一切反抗都是不应当的。但事实上，爱应该建立在一个人与人平等的基础上。无论是出于什么理由，一个人都不应该绑架另一个人的人生，可以建议，但不能取代他做决定。

还有一种比较常见的就是受害者的混蛋逻辑。对弱势群体的帮扶本来是无可厚非的事情，因为人类都是有同理心的，看到别人受苦也会感到难受。但有些人反而把这种弱势当成条件，无止境地索取或者耍赖，借此取得利益。最近出现一个很热门的词——中国式宽容，即使别人已经触犯到你的底线甚至伤害到了你，依然要求你去包容、原谅。常见的情境就是，"孩子还小他懂什么，不要和孩子计较""大过年的，多大点事，生什么气呀"，等等。拥有混蛋逻辑的人仿佛站在道德的制高点，而忽视正确的社会法则、正确的礼义廉耻，即"我弱我有理""我很惨，你们就应该无条件帮助我"……

我们可以总结出混蛋逻辑的共同点，就是它利用了我们人类心理上的弱点。所以，我们明明知道是不对的，但却无法反抗。人的本性会因为每个人的逻辑思维不同而不同，且他的荣辱观会受自己思维的影响。拥有混蛋思维的人往往会做些损人不利己的事，因为他见不得别人好，会因为别人得到好处而不开心。

比如他去某个单位办手续时，发现人家服务有些许跟不上，他就会破口大骂，要投诉。而当身份互换，别人去他那边办事时，他的服务、态度不好就是理所当然的。他困难时总希望别人无条件帮他，而且理所当然地帮他；但轮到别人需要他的时候，他就会说钱是我辛辛苦苦赚来的，为什么要去帮别人。用今天的网络用语来说就是“双标”，混蛋逻辑的人衡量别人和衡量自己总是用两个截然不同的标准。

有个很经典的故事就生动地诠释了如何使用混蛋逻辑来“双标”。两个老婆婆在小区里面饭后闲聊，其中一个炫耀自己的闺女嫁得好，说：“我女儿可幸福了，每天下班回来也不用做晚饭，由家里婆婆负责做晚饭，她只要歇着就行，吃完晚饭连洗碗都不用，我女婿会去洗，说怕我女儿累到了。”

对方听了也笑眯眯地说真是有福气啊，然后继续问：“你的女儿嫁得这么好，你刚娶进门的媳妇看样子也挺不错的，是吧？”老婆婆一听就气呼呼地抱怨起来：“哼，谁说的，我那个媳妇懒得不像话，下班回来也不做饭，就想等着我做给她吃，周末还睡懒觉，都不早点起来做早餐给我儿子吃，真是家门不幸。”

所以，我们除了要有辨别是非对错的能力，还一定记得远离身边有“混蛋逻辑”的人，不要试图理解他们的混蛋逻辑，因为只有使用相同逻辑的人才能相互理解。

“道理我都懂，就是做不到”，这句曾经无数次出现在网易云音乐评论区的话，不知道噎死过多少个苦口婆心的助人者。一个人在辛辛苦苦跟你大谈特谈他给你提的衷心建议时，你只要说一句：“道理我都知道，然后呢？”对方就无语凝噎了。所以我觉得，这是一句怼人的佳句，但我们却很少停下来思考，这句话本身就是一个bug。“春天来了，花草会生长。秋天来了，树木会凋零”，这个道理跟做不到有什么关系？它并不符合逻辑，只是像个思维混蛋一样进行了一场流氓表演。这么多年来，却一直都成功到无法反驳，让人黯然失色。

所有闯红灯的人，都能义正词严地说出自己迫不得已的理由，拥有混蛋逻辑的人嘴里都振振有词，显示自己每个闯红灯的理由都不可抗拒。当他们心安理得地闯红灯时，还站在原地等信号灯的人，在大家眼里似乎就变得可笑至极。别人认为对的事不一定是对的，被人嘲笑不可怕，随波逐流才可怕。人生就像过马路，眼前的绿灯迟迟未出现，面对已经闯红灯、走捷径的那群人，诱惑你、挑拨你的时候，你是否还能坚持原则，等在原地？也许我们赢不了混蛋逻辑，更加无法改变别人，但至少不能让别人改变了自己。

比起逻辑，更多的人喜欢不需要思考的从众

羊群是一种很散漫的集体，平时也是凑在一起横冲直撞，但只要有一只羊走向某个地方，其他羊也会不假思索地跟着它一起行动。不只是羊，当你走在大街上闲逛，突然遇见一群人，他们一个个抬头看向天空。不管你当时正在想着什么，相信你一定会不假思索地抬起头，也仰头观看。你去参加一场钢琴演奏会，当表演到一个精彩段落时，整个大厅里掌声雷动，尽管你还没有反应过来，也会跟着鼓掌。为什么呢？就是人们都有从众心理。一般来说，集体成员的行为，通常具有跟从集体的倾向。当他发现自己的行为和意见与集体不一致，或与集体中的大多数人有分歧时，会感受到一种压力，促使他趋于与集体一致，出现从众行为。

持某种意见的人数是影响从众的一个最重要因素，很少有人能够在众口一词的情况下，还坚持自己的不同意见。我们不可能对任何事情都了解得一清二楚，对于那些不太了解、没有把握的事情，往往“随大流”。包括经受挫折自我怀疑，或者受到别人指责时，往往也会四处寻找跟自己相似的行为和言语，让自己和别人相信，自己的行为是从众的。人都渴望被关注、被理解，因为人都害怕孤独、忧虑、寂寞。想要合群的人只有抱团才会有踏实感、归属感，

抱团能在很大程度上缓解孤独、焦急和忧虑，随大流的从众心理随之出现。

很多时候，我们不得不放弃自己的思考选择从众，懒惰是另一因素。饿了想找家店吃饭，勤快时会仔细对比选择，根据自己的爱好走；不想思考、不想分析时，找家路边人满为患的店铺就好，想着人那么多，总不会太差。看别人怎么看，买什么，看人气博主的选择，相信多数人的判断，不想自己思考、分析，从众心理的本质大概就是懒于理性思考、逻辑判断。

从众是一种比较普遍的行为现象和社会心理。当特立独行的人受到集体行为的排挤压力、舆论或者社会主流评判的时候，就会产生自我怀疑，然后选择改变自己的观点、判断和行为，朝着与社会上大多数人相同的方向转变。大家都这么认为，我也就这么认为；大家都这么做，我也就跟着这么做，这就是平时大家所说的“人云亦云”“随大流”。

大街上有两个人在打架，一开始只有几个人围观，慢慢地，后面的人停了脚步，抬头向人群里观望，最后人越来越多；家长给小朋友报名参加课外兴趣班，没有认真了解孩子的爱好和天赋，看身边的家长哪个报名多就跟着报哪个，或者培训班哪个火热就在哪里上课。我们以为自己没有随大流，其实这些行为都源于从众心理。

造成人出现从众心理的原因是多方面的。在集体中，每一种情感和行为都极具感染性。在大集体中，由于我们本能抗拒自己鹤立鸡群，害怕自己的特立独行被孤立，所以只有当自己的言行举止和想法观念同别人的一致时，才会有一种“做对了”的安全感。不同类型的人，从众行为的程度也不一样。一般来说，年龄小的人多于年龄大的人，社会阅历浅的人多于社会阅历丰富的人，文化程度低的人多于文化程度高的人。

为什么大部分人无法保持独立的判断，从而选择不需要思考的“从众”？首先是个人因素，一些内在自我意识强的人做事往往按照自己的方式，不太会从众，这部分是少数人集体。大部分人的公众自我意识强，他们往往以他人的要求和期望作为自己的行为标准，对集体的归属感渴求越强烈，越需要被集体肯定和认可，从众行为也就越容易发生。其次是集体因素，集体成员的一致性越高，集体凝聚力越大，对个人的吸引力越强，从众行为越容易发生。集体的凝聚力指集体对其成员的整体吸引力水平，高凝聚力集体的成员对自己所属集体有强烈的认同感。集体具有高凝聚力是一种更深层次的真从众。

其实，对很多人来说，思考是一件不容易的事情，他们没有能力进行严谨的判断和逻辑性的推理，而主流的观点、主流的选择、主流的行为都包含许多为人熟知的社会意识，还符合他们的一贯认知，大多数人喜欢随众，感觉决定事实，从不独立思考，即便领头羊去的是屠宰场，也会尾随前行。

从众行为表现在方方面面，在工作、生活、学习中都有所表现。正确地认识和看待从众心理，是很有意义的。大多数人认为从众行为扼杀了个人的判断力和独立意识，因此有百害而无一利。但实际上，对待从众行为要一分为二地审视，极端的从众绝对不可取。一味盲目地从众可以扼杀一个人的创造力和积极性。该如何避免消极的从众效应呢？首先就是要培养自己养成凡事先动脑后动手的习惯。当你发现自己的想法或者做法跟别人不一样的时候，要先冷静地思考，不要急着采用别人的建议，而是先在自己的脑子里想一想，假设自己真的采取了跟大家一样的做法，会出现什么情况呢？

在情境不确定的时候，其他人的行为最具有参照价值。从众所指向的是多数人的行为，自然就成了最可靠的参照系统。而对于集体一般状况的偏离，也就是特立独行，会面临集体的强大压力，这也会对人造成一种偏离恐惧。研究证明，任何集体都有维持集体一致性的显著倾向和执行机制。日常工作、生活中，在特定的条件下，大部分人由于没有足够的信息或者收集不到准确的信息，从众行为是很难避免的。因此，我们要努力培养和提高自己独立思考和明辨是非的能力；遇事和看待问题时，既要慎重考虑多数人的意见和做法，也要有自己的思考和分析，从而使判断更加正确，以此决定自己的行动，也就是扬长避短，扬从众的积极面，避从众的消极面。

不讲道理的直觉也很好用

苹果公司前CEO乔布斯说他做很多事情都是依靠直觉，就是几秒钟内做判断，没有严密的逻辑分析过程。我们平时所谓的直觉靠的是右脑模式思维，并非支配逻辑语言系统的左脑模式。专家研究表明，多数普通人90%的日常行为需要依赖自己的反射脑，这些行为源自我们潜意识的习惯，只有约10%的行为是依赖逻辑理性判断。

我们的直觉源自大脑的边缘神经系统，包含从人类诞生伊始就积累下来的进化经验和智慧，也就是一些生存本能，这是直觉最直接的表现。尤其在紧急情况下，深思熟虑是一种奢侈。被一头熊追杀的时候，你是没有时间权衡所有的选项的——只能听从你的第一本能——逃跑。比如说你在某个环境里突然感到背后一凉，直觉告诉你有危险要赶紧离开，又或者走在街上碰到一个陌生人向你走来，直觉也警示你这个人并非善类，不要接近等。这种直觉是无法使用逻辑推理或者解释的，但是它很强大并且有效。

虽然直觉显得虚幻缥缈难以说明，但它是有一定的科学解释的。直觉的原理包含两部分：生存的经验法则和人类的进化能力。

人类的大脑经过进化，留下最适应环境的那部分能力。大脑的进化能力包括语言、认知记忆、物体追踪、模仿和情感，这些能力就好像放在一个工具箱里的工具，当出现什么情况的时候，能捕捉到平时难以注意到的事物的大量细节信息，看到更多的点点滴滴的关联性，我们的无意识会自动调用工具箱中的工具解决对应的问题。所以，直觉可以帮助我们在当下的状况选择最合适的处理办法。这些经验法则已经烙印在身体和大脑的记忆里，让我们用最高效、安全的方式做出选择。因为日常生活十分复杂，经常是状况百出，如果每件事都用逻辑去推算、权衡最优结果的话，这个过程就会变得非常麻烦且复杂。

很多人觉得自己有直觉，但直觉不靠谱，这是为什么呢？这是把想法当成了直觉。想法可以有很多，有时是灵光乍现，有时是因外界环境而生的噪音，却被误认为是直觉。直觉是我们大脑在快速的运转过程里，根据捕捉到的外界变量提取出所有储存在记忆中的知识信息，而在极短时间内形成的判断。

那平时我们的大脑是如何运用直觉快速做出决策的呢？一种是序列决策，就好像查字典一样，先查第一个字母，再是第二个，一旦查到了，我们就不需要再查每个字母了，这样能大大提高效率。另一种是简明树形图，如果根据某个因素可以做出决定，就停止寻找其他因素，然后根据这个因素将物体分类。这就是运用直觉判断只需瞬间几分钟的原因。

直觉是高效的，只要你不过度地思考它，因为想太多也会让我们无法弄清自己的偏好。众多研究表明，有些时候，直觉不仅比思考更快，还更加准确。不过，这种直觉需要真正感知到它的存在，才能意识到它的不同，认可它的存在。现代社会中就有个别社会心理学家非常崇尚用简单的直觉方法行事，专门研究直觉，目的就是在复杂世界中，依靠直觉达到效用最大化。

绝大多数的人类行为是在自动的状态下进行的，比起有意识地把握和控制，它们更多的是受基因和固有习惯的影响。要是你每进行一次选择，都得从最基础的逻辑开始推理符合逻辑学的行为，这日子恐怕是没法过了。对于一些更加复杂的问题，直觉也能影响我们的决策，因为决策常常基于一些我们不会认真考虑的因素。

一个拥有很强直觉能力的人通常也是个想象力很强的人，是个能把各事物之间联系起来的人，具备这种能力的人，他的直觉准确率很高，往往能够一眼看出问题本质。当然，因为他原本大脑里面储存了很多信息和知识，所以当遇到一个新问题，有的人还没能把这些信息整合起来的时候，他就已经依靠直觉做了快速的判断。

不过，直觉这种神乎其技的方法，不是每次都能发挥良好，也就是直觉也会有翻车的时候。总体来说，直觉是一种情绪化的东西，都出自潜意识的过程，在给人提供指导的同时却把轨迹深藏起来。我们能感觉到一个问题的解决方案，或者是能感觉到一个该做的选择，这是一种判断，甚至更像一个假说。你的直觉会让你对自己的一个决定充满自信，但要开始行动才会知道它正确与否。因此，人类的本能直觉具备一定的经验和智慧，这有一定的道理，但是有其局限性。

直觉强大之处在于，它是异常快速的，犹如闪电划过脑海，刹那照亮一切，但是直觉也有不可靠的时候。就像文章开头提到的乔布斯，他喜欢依靠直觉，使得苹果产品在当年大获成功，经久不衰；但也由于他过于相信直觉，对工作以外的事情容易产生误判，最终影响到他的生活。直觉很容易受外界因素影响，对于很多人来说，特别是面对有争议的复杂话题时，答案往往来源于直觉："我也说不上来为什么，但就是觉得这样做是错的。"

你的直觉本能往往和你的情绪相关，很多时候，你的情绪并不是正确的，大多数人做决策的时候不够理性，因此会犯下各种错误。在做思考和一些重要决策的时候，要进行理性逻辑分析，不能依靠感性或直觉。所以，聪明的做法是充分利用人类的两套思维系统，也就是说可以相信你的直觉，但是也要经过缜密的逻辑思考。

逻辑学家也会犯错

英国哲学家罗素曾经毫不隐讳地说："黑格尔的哲学几乎都是错的。"其实，罗素早年还是黑格尔思想的崇拜者和追随者，为什么后来发生180度的大转弯，可以如此全面地否定黑格尔的思想呢？

我们从黑格尔的辩证法说起。黑格尔的辩证法用运动变化的辩证思维，解释了我们所处这个世界的大自然、人类诞生以来的历史和人类认知的几乎所有领域，因为他的逻辑具有强大的解释力，看似是一个完美的理论，但问题恰恰出在他的基础逻辑上。

黑格尔的逻辑是：跟其他的事物对比的时候，如果一个事物有一个其他事物没有的属性，这个事物的概念就可以是"具有这样的属性的事物"。但后来的事实证明，仅仅根据这些属性，单凭逻辑是推导不出有这些属性的其他事物的，因此，这是错误的逻辑。另外，黑格尔又指出，对于一个事物，如果人们有了足以把它同其他所有事物分开的充足理由，那么这个事物的一切属性都能够通过逻辑推导出来。但黑格尔的这个逻辑依然是错误的。也就是凭借这样一个错误的逻辑定义，黑格尔建立了他的整个哲学体系。

康德说："我们的时代是一个特别意义上的批判时代，所有的一切都要经受批判。"哲学家、科学家甚至逻辑学家，在逻辑推导过程中也可能出现逻辑错误。这里说的批判是逻辑学意义上的批判，是对现实存在的逻辑问题的剖析、分析、辨析，是对逻辑谬误的扬弃。

日本知名的企业家、思想家稻盛和夫创造了自己的稻盛哲学。我们必须承认稻盛先生创造了现时代的一笔思想财富，但稻盛先生的哲学也有具体的条件和应用范围，也有不合理之处。

比如说，稻盛先生在构建人类工作的意义和方法时，就使用了错误的逻辑归纳法，而且是非常简单的归纳法，他仅仅从自身经历和个别他人的经历出发得出结论。稻盛先生经常举一位日本农夫的特例作为论证。这位农民大伯通过辛勤的劳动，先富带动后富，自己富裕后，带着村民也发展了起来，自己变得像贵族一样，脱离了农民的形象。由此得出我们要向这位农民伯伯学习，把所有的精力放在工作上，努力工作，提高自己的心性的结论。

但是，我们稍微思考一下，其他世界各国的农民不是都这样吗？一些贫困国家的农民不是更辛苦吗？为什么其他农民没有变得有贵族气质呢？拿现代生活来说，许多年轻人每天长时间工作，他们的气质也没有变得高雅起来，反而觉得身心俱疲。

稻盛先生的逻辑归纳法出现幸存者偏差的逻辑错误，缺少可重复性。别的地方肯定也有勤奋工作的农民，但是不是每个勤奋工作的农民都可以成为二宫尊德。虽然稻盛先生的思想出现了逻辑错误，但是稻盛先生的大部分哲学今天依然对我们非常有指导作用。稻盛先生的六项精进、经营十二条、会计学等工具和企业经营手段，依然是指导我们工作和发展企业的有效逻辑工具。

对于“我思故我在”，大部分人可能认为，这是一个逻辑推理，意思是：“因为我在思考，所以我存在。”乍看之下，这句话似乎满足形式逻辑推理的要求，但其实大师也会有逻辑谬误。“我思”这个前提是无法直接推出“我在”的，因为它默认思维的载体就是思维者，这个思维者就是实存。思考的到底是不是你，你无法确知。假设有人对你的大脑进行电刺激，使你产生一系列思维活动，这个“我在”就不是“我思”导致的，思维的主体并不是“我”。笛卡尔的“我思故我在”是从经验中得来的，而从“我思”如何推出“我在”，他却搬出上帝，且对上帝存在的证明是无效的循环论证，这就错上加错了。

康德在批判一些逻辑错误的同时，还提出了“二律背反定理”。这个定理就是说，如果一个命题是正确的，与之相反的另一个命题也是正确的，结论就是二者皆错。因此，过往许多探讨宇宙诞生的问题，都犯了一个逻辑错误。譬如，我说宇宙有一个开始，开始于大爆炸，这个命题是对的，起码在逻辑上说得通，也可以找到科学上的证据。我再说宇宙没有开始，因为很容易发现，如果你说宇宙始于大爆炸，那么，大爆炸之前是什么？是虚无吗？虚无，就是什么都没有，那怎么可能爆炸？所以，宇宙没有开始，也是正确的。

两个相反的命题都是正确的，结论就是两个都错了。基于“二律背反定理”，怎么理解呢？因为大家连“物自体”都没有看清楚，只是基于某些经过你的“先验综合判断”扭曲之后的现象而得出的结论，就变成各说各话、相互矛盾的了，当然没有必要再讨论下去。

因此，许多逻辑的基本问题不能和形而上学和辩证法的对立相混淆。以前的逻辑学家们把存在与思维的关系问题简单地理解为物质和精神的关系问题，但是存在和思维这一对范畴不等于物质和精神。因为存在是外延最广的范畴，既包括精神存在，又包括物质存在，乃至社会存在等。但是一旦把存在和思维的关系问题理解为物质和精神的关系，就会把逻辑实证化，把逻辑基本问题仅仅理解为时间上的先在性，认为世界自然而然在我出生以前就存在，这种看法从逻辑上是站不住脚的。

物质能够被感觉到，可是物质到底是一个共相还是殊相？如果是殊相，你确实可以感觉到，但如果是共相，只能被思维。因此，能够感觉到的，仅仅是某个具体的东西。包括风靡一时的唯理论、经验论，也存在这个逻辑错误。

两种理论的共性是都追求普遍必然性的知识，并且希望能建立思维与存在的同一性。经验论的极端走向怀疑主义，唯理论的极端走向独断论，经验论是从特殊到一般的过程，唯理论是从一般到特殊的过程。从特殊到一般，这个过程把知识的范围扩大了。从一般到特殊，这个过程把知识的范围缩小了。因此，前者原因小于结论，后者原因大于结论，所以，前者能获取新知识但没有普遍必然性，后者有普遍必然性但不会增加任何新的知识。虽然两派逻辑都能自洽，但都有致命的弱点。

逻辑学不是万能的，尤其在一些根本性问题上更容易出现错误，连哲学家、逻辑学家也难以保证丝毫不出差错，我们普通人的逻辑训练更并非朝夕之功，需要长久练习。